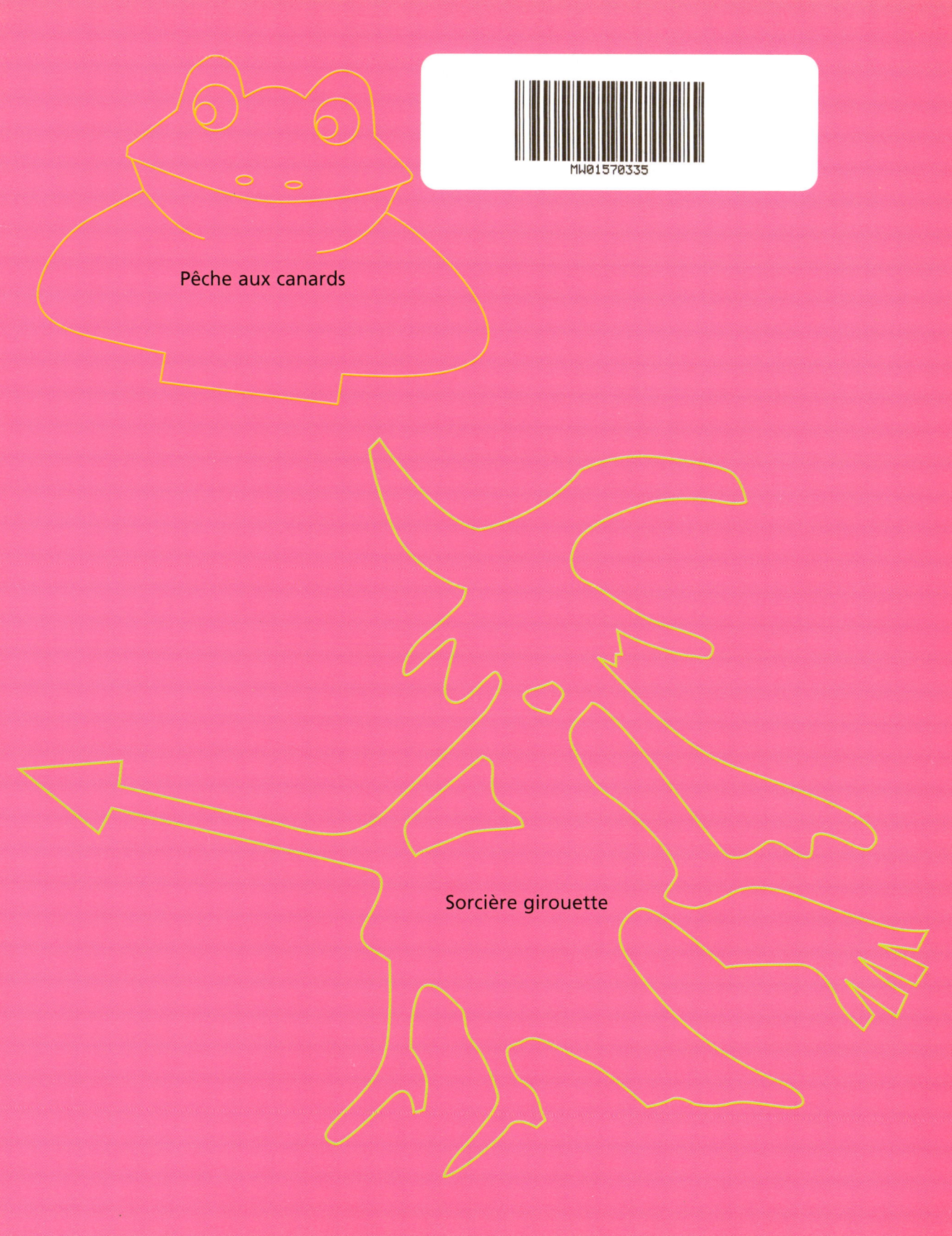

www.casterman.com

© Casterman 2004
Droits de traduction et de reproduction réservés pour tous pays. Toute reproduction, même partielle, de cet ouvrage est interdite. Une copie ou reproduction par quelque procédé que ce soit, photographie, microfilm, bande magnétique, disque ou autre, constitue une contrefaçon passible des peines prévues par la loi du 11 mars 1957 sur la protection des droits d'auteur.

ISBN 2-203-14527-7

Imprimé en France par Pollina, Luçon - L93713
Dépôt légal septembre 2004 ; D2004/0053/307
Déposé au ministère de la Justice (loi n° 49.956 du 16 juillet 1949 sur les publications destinées à la jeunesse).

Créons récupérons

casterman

Table des matières

Introduction ... 8

créations
à partir des objets de la nature ... 10

Canard bec-orange ... 12
Oiseau Pomme de terre ... 14
Pomme de pin arlequin ... 16
Cheval Toufou ... 18
Oiseau provision ... 20
Un pot pourri ... 22
Crayons à mâcher ... 24
Un arbre généalogique ... 26
Un capteur de rêves ... 28
Décorations pour le sapin ... 30

créations
à partir de boîtes en carton ... 32

Dino range-tout ... 34
Une boîte croco ... 36
Un hérisson à crayons ... 38
Boîtes canards ... 40
Une voiture de pompiers ... 42
Un thaumatrope ... 44
Concert de grenouilles ... 46
Vache mémoire ... 48
Une boîte courrier ... 50
Chenille range CD ... 52
Coffres de rangement ... 54
Boîte de mouchoirs avion ... 56
Valisettes de pro ... 58

créations
à partir de canettes et bidons, pots, récipients en plastique — 60

- Des maracas — 62
- Un crocodile canettes — 64
- Un manchot à euros — 66
- Une taupe à savon — 68
- Un squelette cliquetant — 70
- Drôle de bestiole — 72
- Un phare chandelier — 74
- Clochettes rigolotes — 76
- Un téléphone sans fil — 78
- Un bouquet immortel — 80
- Sacs à main — 82
- Tirelires pas si bête — 84
- Une guirlande lumineuse — 86
- Chat bidon — 88
- Un hélicoptère — 90
- Un catamaran — 92
- Monsieur Balance — 94
- Un mini billard — 96

créations
à partir d'autres objets — 98

- Une cloche — 100
- Un ours qui sent bon — 102
- Un défouleur — 104
- Un gant marionnette — 106
- Une barrette papillon — 108
- Une souris socquette — 110
- Un crayon légume — 112
- Une sorcière girouette — 114
- Une boîte à musique — 116
- Une pêche aux canards — 118
- Une maison — 120
- Un calendrier des amis — 122

Crédits — 124

Introduction

L'avantage de la récupération, c'est que cela ne coûte rien mais encore faut-il avoir tout sous la main. Sans le savoir, vous possédez une mine dont il vous faut faire émerger les pépites !

Alors préparez-vous, stockez, collectionnez tout ce qui pourra servir de base aux prochains bricolages de vos enfants :

- des rouleaux de papier toilette et d'essuie-tout
- des bouchons de liège
- des bidons de plastique
- des canettes
- des cartons à œufs
- des cartons de lait
- des boîtes à chaussures
- des boîtes d'allumettes
- des boîtes à fromage
- des feuilles séchées, de la paille, etc
- des cartons d'emballage de toutes sortes
- des matériaux d'emballage comme du carton ondulé, des plaques ou des flocons de polystyrène
- des vieux magazines
- des chutes de papier cadeau
- des cartes postales
- des boîtes de conserve
- des filets à fruits ou légumes
- des rubans d'emballage
- des chutes de feutrine, de tissu et de laine
- des vêtements usagés ou trop petits, etc.

En créant de cette manière, votre enfant apprendra ses premiers gestes « écologiques ».

Pour les matériaux que vous devrez vous procurer en plus des précédents, en l'occurrence les peintures et la colle, veillez aussi à ce qu'ils ne nuisent pas à l'environnement. Les gouaches sont moins toxiques et peuvent servir à de multiples usages. Mais si vous avez besoin de peintures plus couvrantes et plus résistantes, vous emploierez des peintures acryliques. Les plus écologiques sont celles à base d'eau.

La colle à papier est parfaitement adaptée à la plupart des activités. Dans les cas où elle ne convient pas, utilisez de la colle universelle sans solvant.

À chaque page, des sigles vous indiqueront le degré de difficulté de chaque activité :

Très facile   facile   moins facile

La qualité principale requise par l'activité est également indiquée.

Très rapide   rapide   moins rapide

Vous trouverez à la fin de ce livre une feuille des patrons nécessaires à la réalisation de certains bricolages.

créations

à partir
d'objets de
la nature

Canard bec-orange

MATÉRIEL

de la paille (ou des joncs ou des brindilles droites) • une écorce de pin un peu allongée • un pinceau • de la gouache : orange, blanc, noir • de la ficelle ou du raphia

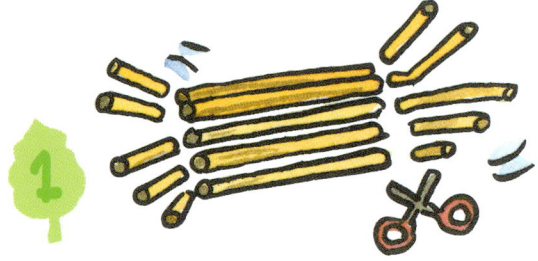

1. Coupez des longueurs de paille de 20 cm.

2. Nouez 1 fagot de 20 pailles environ, aux deux extrémités. Fabriquez-en 5.

3. Placez les 5 fagots comme sur le croquis et nouez-les tous ensemble.

4. Peignez un bec et des yeux sur l'écorce.

6. Consolidez en serrant la ficelle sous la tête. Glissez 2 feuilles pour la queue.

5. Placez la tête sur les fagots de paille, nouez-la ainsi.

Oiseau pomme de terre

MATÉRIEL

une pomme de terre un peu allongée • des petites plumes • une brindille • une grande aiguille (aiguille à laine) • du fil fort

créativité

1. Nouez un petit morceau de brindille avec du fil fort.

2. Enfilez le fil sur l'aiguille, percez la pomme de terre.

3. Tirez le fil. Ôtez l'aiguille.

4. Piquez 3 plumes pour la queue, une pour chaque aile et une sur la tête.

5 Piquez une brindille pour le bec et deux petites rondelles de bois pour les yeux.

6 Suspendez l'oiseau par le fil.

Pomme de pin arlequin

MATÉRIEL

patience

une grosse pomme de pin (maritime) • de la gouache de plusieurs couleurs (acrylique si possible) • des petits morceaux de papier • un pinceau moyen

1. Peignez toute la pomme de pin en blanc.

2. Peignez une lamelle d'une couleur : dessus, dessous et jusqu'au fond.

nota bene
Faites cela en insérant un petit papier pour ne pas déborder sur les lamelles voisines

3. Peignez de la même couleur plusieurs lamelles, pas placées trop près les unes des autres.

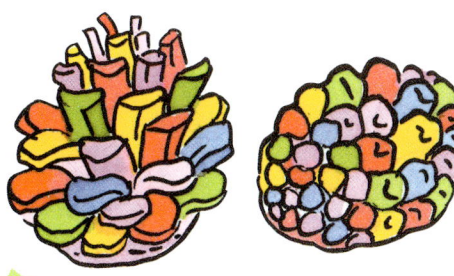

4 Peignez ainsi toutes les lamelles, en plusieurs couleurs, sans oublier le dessous.

5 Quand la pomme de pin est sèche, placez les messages dans les lamelles.

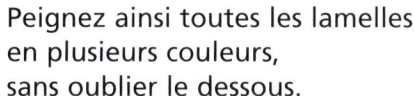

Cheval Toufou

MATÉRIEL

dextérité

des baguettes fines ou brindilles : 40 de 18 cm et 30 de 14 cm • une baguette de 22 cm de long • du raphia • 4 cailloux allongés (ou 4 écorces ou 4 morceaux de bois)

1 Entourez et liez les cailloux 2 par 2 en laissant 20 cm de libre entre eux.

2 Liez les brindilles de 14 cm en petit fagot. Gardez 15 cm de fil libre. Avant de lier les brindilles de 18 cm, glissez les fils aux cailloux.

3 Liez ces brindilles en fagot, gardez 30 cm de fil libre.

4. Posez baguette et fagots à plat. Nouez les fils libres à la baguette du haut.

5. La crinière est formée de brins de 15 cm noués en leur milieu sur le fil entre la tête et le corps.

6. La queue est un petit balai de raphia glissé dans le fagot-corps.

Oiseau à provisions

MATÉRIEL

 dextérité

une feuille métallique (rayon bricolage) ou une barquette métallique alimentaire • du fil de fer : 45 cm • une pointe (clou, pointe de compas, épingle)

1. Inventez la forme d'un oiseau ou calquez le modèle. Reportez le contour sur la feuille métallique et découpez cette forme.

2. Avec la pointe, piquetez le décor : plume, aile, bec, œil.

3

Piquez 2 trous pour y faire passer le fil de fer.

4

Enfilez la nourriture : morceaux de pommes, de lard, etc.

5

Courbez les deux extrémités. Suspendez par le crochet du haut à une branche d'arbre.

Un pot pourri

MATÉRIEL

un godet de tourbe en carton • 3 ou 4 clémentines • du raphia • des clous de girofle • des bâtons de cannelle • des feuilles de laurier • une agrafeuse • des ciseaux • du papier

1 Coupez l'écorce des clémentines en deux en partant de la queue et prélevez-la sans la déchirer.

2 Dessinez une feuille et un rond sur le papier et découpez-les.

3 Posez ces patrons sur les morceaux d'écorce et découpez soigneusement en suivant les contours.

Avec un clou de girofle, faites des trous dans les feuilles le long de la nervure et passez du raphia dans les trous comme une couture.

Dans les ronds, piquez des clous de girofles, ajoutez une feuille de laurier avec du raphia.

Peignez le pot, agrafez ces motifs autour et mettez le reste des épices et des écorces de clémentines dans le pot.

Des crayons à mâcher

MATÉRIEL  dextérité

des bois de réglisse • du chocolat • un taille crayon • de la pâte d'amande blanche et rose

1 Taillez les bois de réglisse comme un crayon.

2 Dans la pâte d'amande rose, faites un colombin et coupez des petits tronçons.

3 Dans une petite casserole faites fondre quatre carreaux de chocolat avec deux cuillères à café d'eau.

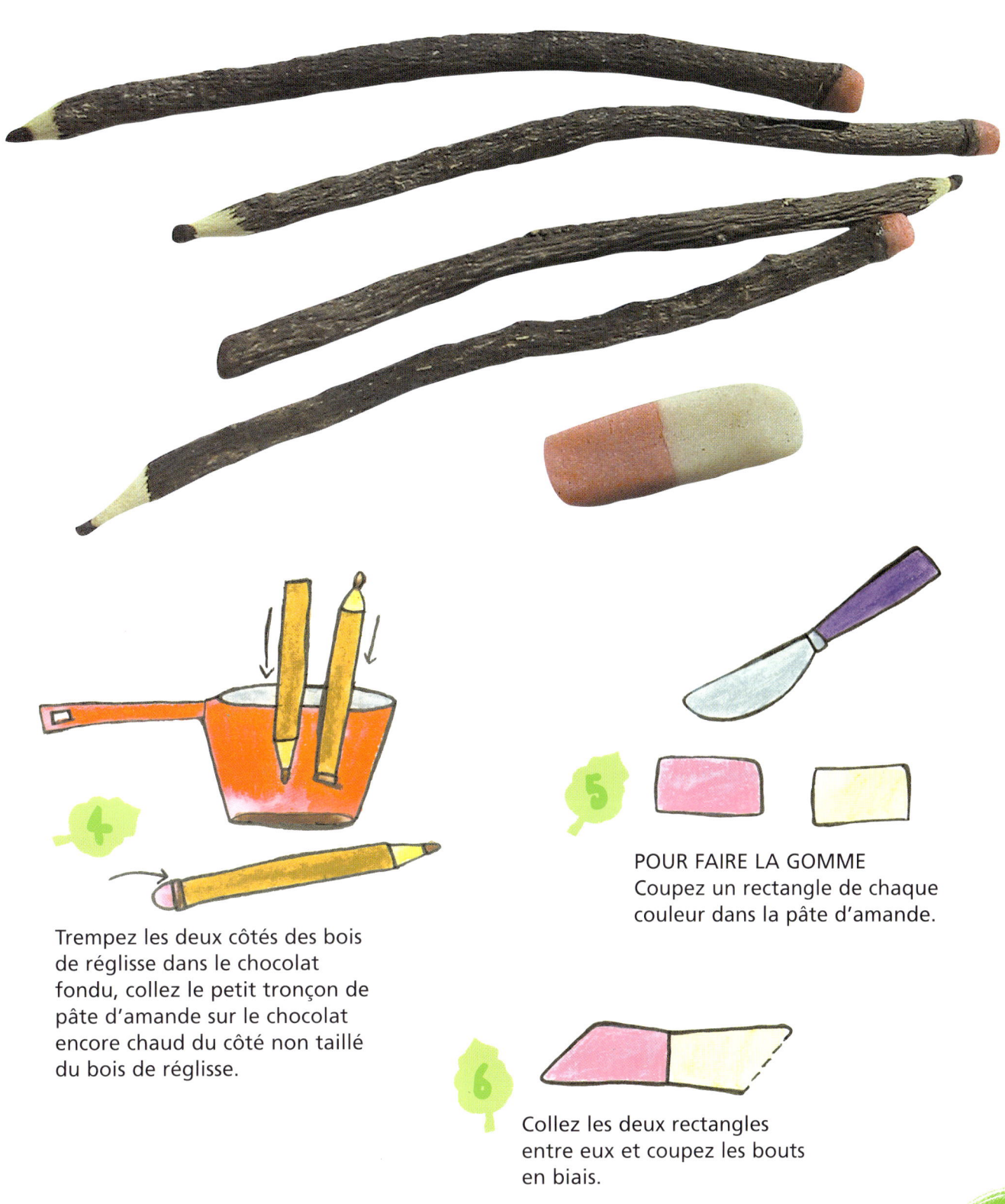

Trempez les deux côtés des bois de réglisse dans le chocolat fondu, collez le petit tronçon de pâte d'amande sur le chocolat encore chaud du côté non taillé du bois de réglisse.

POUR FAIRE LA GOMME
Coupez un rectangle de chaque couleur dans la pâte d'amande.

Collez les deux rectangles entre eux et coupez les bouts en biais.

Un arbre généalogique

MATÉRIEL

logique

une plaque de carton ou une planche • de la peinture • des galets plats de tailles différentes • des brindilles • un feutre • un pinceau

1. Réfléchissez à l'arbre généalogique que vous voulez faire (ici seuls un couple de grands-parents, leurs enfants et petits-enfants sont représentés. Les époux des enfants sont juste cités). Faites éventuellement un croquis sur papier pour vous aider.

2. Peignez (ou non) une planche ou une plaque de carton (ici 20 x 30 cm).

3. Collectez des petits galets plats et des brindilles de tailles différentes. Peignez les visages sur les galets choisis selon leur taille (les plus grands pour les plus âgés, etc.). Utilisez un feutre pour les détails.

4 Organisez l'arbre en posant les galets reliés par des brindilles (elles aussi de différentes tailles) sur la planche. Procédez par ordre chronologique. Une fois l'arbre au point, collez galets et brindilles sur le support au fur et à mesure.

5 Écrivez les noms.

Un capteur de rêves

MATÉRIEL

créativité

une branche de saule • du papier collant • du raphia de couleur • des perles • des plumes • un morceau de cuir • un bouton métallique

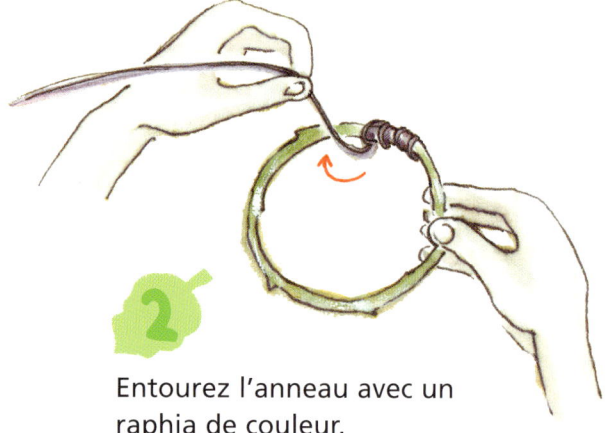

1 Ramassez une branche souple et fine (du saule) et à l'aide de papier collant, assemblez les deux bouts pour faire un anneau.

2 Entourez l'anneau avec un raphia de couleur.

3 Choisissez un joli bouton métallique et glissez deux plumes à l'arrière de celui-ci.

Dans un morceau de cuir que vous avez découpé, faites plusieurs trous. Au centre, placez le bouton et coincez-le à l'aide d'une aiguille. Enfilez dans un fil de cuivre les perles de couleur en terminant par des plumes.

Décorations pour le sapin

MATÉRIEL

des branchettes • des boules de cotillon • de la colle • de la peinture • des piques en bois • du raphia

1. Cassez des morceaux de branchettes.

2. Assemblez-les pour former des étoiles et des sapins, puis collez-les.

3. Peignez-les. Enfoncez les boules de cotillon sur des piques en bois pour les peindre. Laissez sécher.

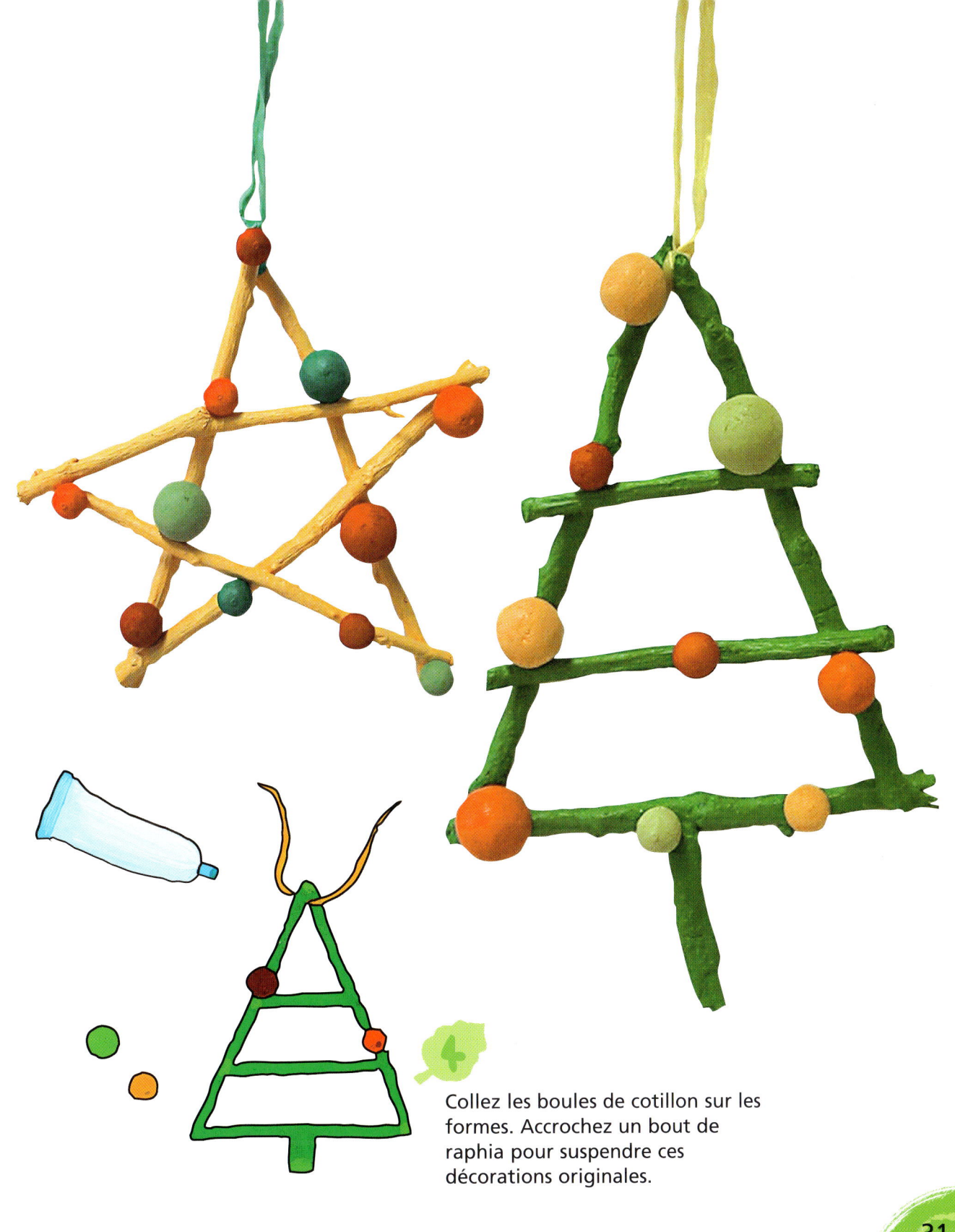

Collez les boules de cotillon sur les formes. Accrochez un bout de raphia pour suspendre ces décorations originales.

Créations

à partir de boîtes en carton

Le dinosaure range-tout

MATÉRIEL

une boîte de céréales • une boîte de tube de dentifrice • une boîte plus petite pour la tête • 3 boîtes rectangulaires plus petites • 4 boîtes d'allumettes • 4 attaches parisiennes • 2 rondelles de bouchon • du raphia ou de la laine • de la gouache : rouge, jaune, noir, blanc

créativité

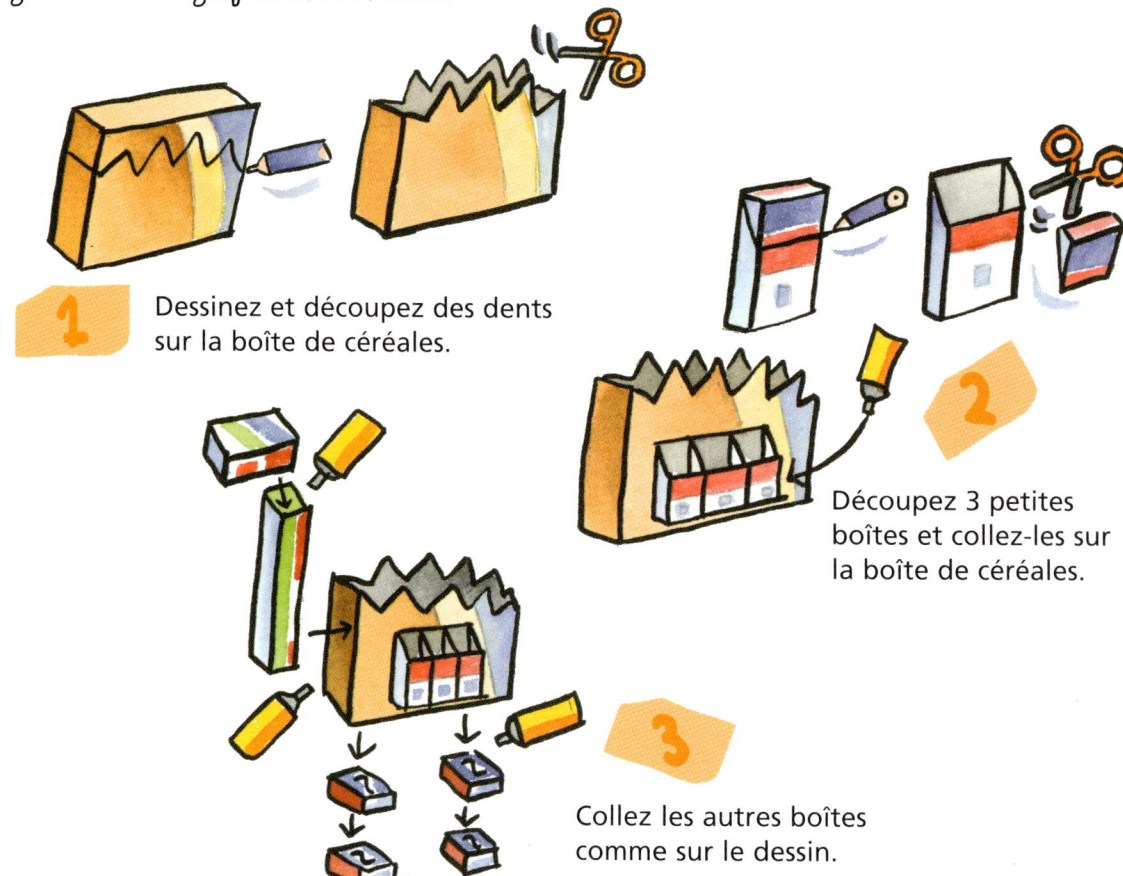

1 Dessinez et découpez des dents sur la boîte de céréales.

2 Découpez 3 petites boîtes et collez-les sur la boîte de céréales.

3 Collez les autres boîtes comme sur le dessin.

4 Peignez en jaune, ajoutez des points rouges.

6 Tressez une natte en raphia pour la queue. Scotchez-la à l'intérieur. Piquez les tiroirs des boîtes d'allumettes avec des attaches parisiennes.

5 Peignez les rondelles des yeux en blanc avec un rond noir. Collez-les sur la tête. Peignez la bouche.

La boîte croco

MATÉRIEL

2 boîtes de mouchoirs en papier (une pleine, une vide) • 2 bouchons de plastique • de la colle • un peu de papier vert • de la gouache

1 Sur la boîte vide, tracez les mesures indiquées. Découpez ainsi. Une pointe est la queue.

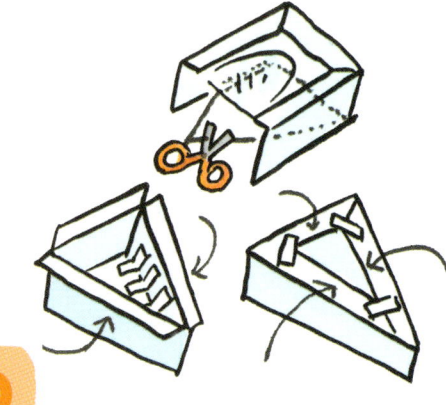

2 Pour la tête, approchez les côtés de la boîte le long de l'autre pointe. Scotchez à l'intérieur. Rabattez les petits bords. Scotchez.

3 Collez la tête sur la boîte pleine, puis la languette-pointe sous la queue.

Peignez tout en vert sauf les dents. Peignez les dents.

Découpez et collez les pattes sous la boîte.

Peignez les bouchons en blanc avec 1 point noir. Collez-les sur la tête.

Le hérisson à crayons

MATÉRIEL

dextérité

une boîte à œufs (6) en carton + un couvercle • de la gouache : marron, noir, blanc • de la colle • une pointe : aiguille, clou • des crayons de couleur

 Collez les 2 couvercles ensemble.

Avec le clou, faites des trous sur le dessus et les côtés supérieurs, pas trop serrés. Agrandissez ces trous avec la pointe d'un crayon.

Ôtez 1 pointe dans la boîte restante, coupez en travers.

4 Collez-la sur un petit côté.

5 Dessinez les yeux et la tête au crayon. Peignez à la gouache.

6 Placez les crayons de couleur : droits sur le milieu, inclinés sur les côtés.

Les boîtes canards

MATÉRIEL

2 boîtes de fromage ovales (une grande – une petite) • du papier à dessin jaune et rouge • de la gouache bleue • un bouchon (pour le petit)

1 Peignez les couvercles en bleu.

2 LA TÊTE DE LA MÈRE : coupez les alvéoles d'une boîte à œufs. Empilez-les en les collant.
LA TÊTE DU PETIT : taillez le bouchon (demandez à un adulte).

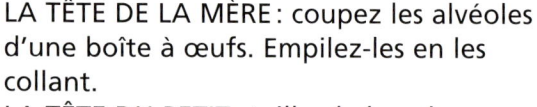

3 LES BECS : 1 morceau de carton collé pour la mère, 1 morceau de bois enfoncé pour le petit.

4 Peignez les têtes en jaune et rouge, les becs en jaune.

Taillez les ailes et les queues dans les papiers de couleur. Collez-les sur les boîtes. Arrondissez la queue.

Collez les têtes sur les boîtes.

La voiture de pompiers

MATÉRIEL

patience

une boîte à œufs (12) en carton + un couvercle • 3 boîtes à œufs (6) • 8 bouchons de plastique • 8 rondelles de bouchons de liège • 4 pailles de 9 cm • 2 piques à brochette de 10 cm • de la gouache • un rouleau de carton (papier toilette) • 40 cm de ficelle • de la colle • du papier collant

1 Coupez le couvercle d'1 boîte de 12 œufs, placez les alvéoles dedans. Collez ainsi.

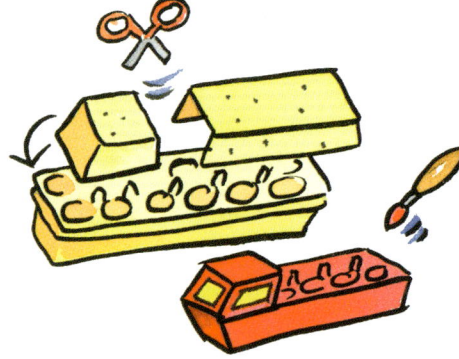

2 Coupez un petit morceau dans le deuxième couvercle pour la cabine. Collez-la. Peignez le tout en rouge. Coupez 16 alvéoles dans les boîtes à œufs.

3 Collez-les 2 par 2. Ainsi pour 8 pompiers. Peignez-les.

4

Collez les rondelles de liège dans les bouchons de plastique. Peignez l'extérieur en noir.

6

Le gyrophare est 1 pointe de boîte, collée et peinte. L'échelle : 2 piques à brochettes et 9 morceaux de 4,5 cm collés tous les 2 cm.

5

Scotchez les 4 pailles sous le camion. Introduisez les piques dans les pailles. Enfoncez les roues, côté liège, dans les extrémités des piques.

7

Le tuyau : sur le rouleau de carton, collez 2 ronds aux extrémités. Peignez-les en noir. Enroulez la ficelle dessus. Terminez par 1 point de colle. Fixez à l'arrière du camion sur 1 pique.

Un thaumatrope

MATÉRIEL

créativité

un couvercle de boîte de fromage en bois • de la peinture • un morceau de carton coupé en rond • une photo d'identité • de la colle • deux élastiques • une perforeuse

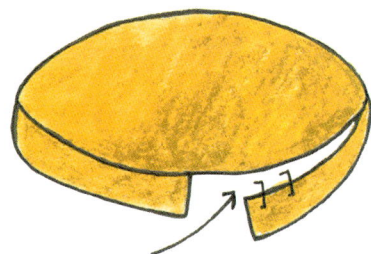

1 Défaites le couvercle soigneusement pour ne garder que le dessus.

2 Percez deux trous diamétralement opposés. Sur une face, peignez un cœur évidé, peignez d'une autre couleur l'intérieur et le contour.

3 Sur l'autre face, peignez tout et décorez le bord au feutre, collez la photo de votre maman au centre de manière à ce que la photo et le cœur se présentent chacun à l'endroit quand vous retournez le disque. Attention le fond doit être de la même couleur sur les deux faces.

4. Passez les élastiques dans les trous en faisant une boucle.

5. Passez les deux élastiques sur vos index et, avec le pouce et le majeur, faites tourner le disque jusqu'à ce que les deux élastiques soient tout entortillés.

6. Lâchez. En tournant rapidement, les deux images se superposent et votre maman apparaît dans le cœur.

Concert de grenouilles

MATÉRIEL

motricité

2 boîtes de 6 œufs • de la gouache verte et noire • du papier jaune et rouge • des ciseaux • de la colle

1 Ôtez les 2 pointes d'une des boîtes. Superposez les 2 boîtes. Peignez en vert.

2 Découpez 12 yeux jaunes et 6 bouches rouges.

3 Cernez-les de noir.

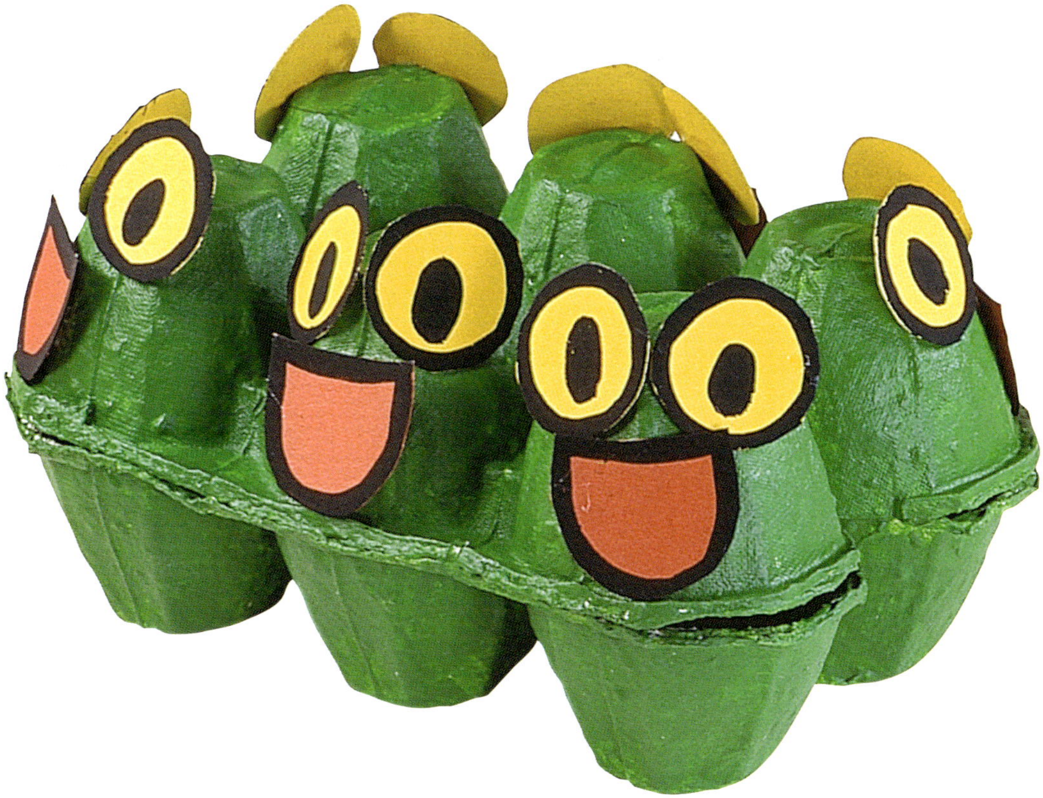

4

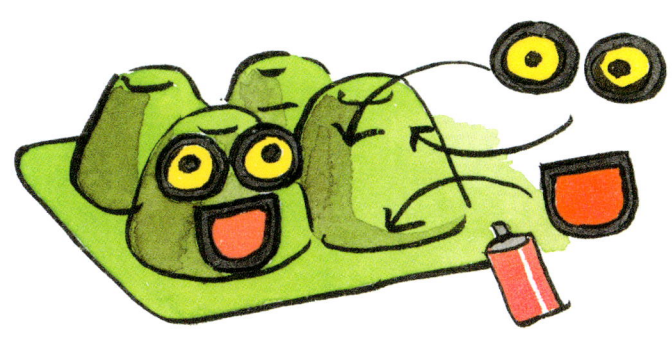

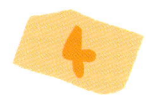

Collez les yeux et les bouches sur les alvéoles.

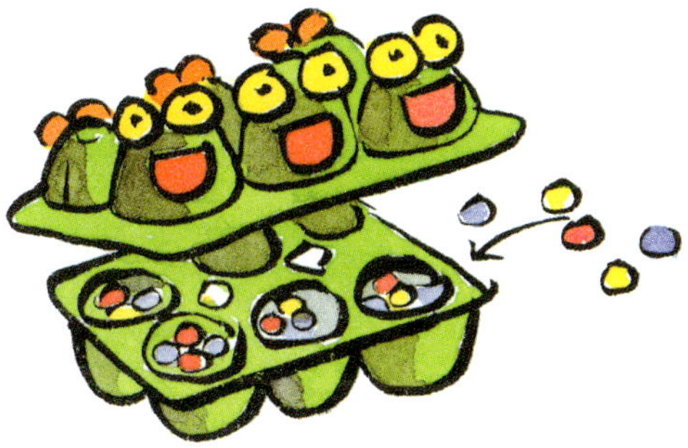

Vache mémoire

MATÉRIEL

dextérité

un carton de lait (vide, propre) ou similaire • une petite brique individuelle • un rouleau de carton de papier toilette • un peu de carton : 15 x 10 cm • quelques cailloux • un carnet à spirales

1 Posez le rouleau de carton sur la brique, dessinez le contour, découpez-le. Introduisez le rouleau, les cailloux (pour lester le carton).

2 Calquez la forme ci-jointe. Reportez-la sur le carton. Découpez-la et collez-la sur la petite boîte.

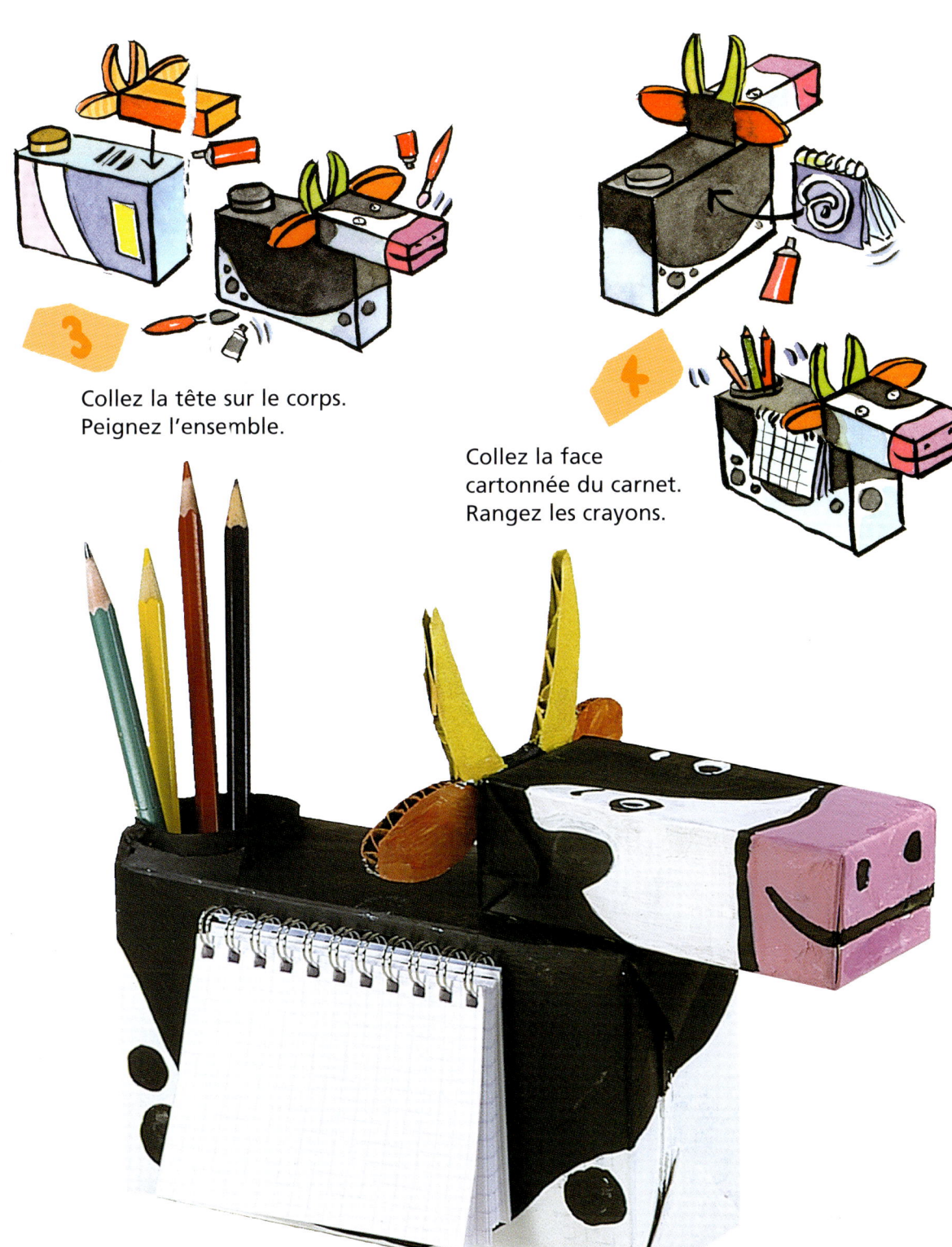

Collez la tête sur le corps.
Peignez l'ensemble.

Collez la face
cartonnée du carnet.
Rangez les crayons.

Boîte courrier

MATÉRIEL

une boîte (de riz ou autre) de 1 kg • 5 enveloppes timbrées de couleurs (de préférence) • de la colle • des ciseaux

notion d'espace

1 Coupez la boîte à 9 cm de hauteur.

2 Superposez 4 enveloppes comme sur le dessin. Collez-les sur la boîte.

3 Coupez ce qui dépasse dans le bas. Rabattez, en la collant, l'enveloppe de gauche sur la boîte.

4 Pliez l'enveloppe restante. Coupez une languette.

5 Collez la languette et dessinez l'œil et le bec.

Chenille range CD

MATÉRIEL

créativité

une boîte à chaussures d'au moins 15 cm de large • un pot de yaourt • 2 boules de cotillon • du papier à dessin • de la gouache • de la colle • des ciseaux

1 Collez le pot de yaourt sur la boîte.

2 Peignez le tout. Décorez selon votre goût.

Collez des boules de cotillon pour les yeux, et coupez 30 petits rectangles de 4 x 2 cm pour les pattes.

Coffre de rangement

MATÉRIEL

précision

une grande boîte en carton (style boîte de langes) • un crayon noir • de la peinture acrylique, des pinceaux et une éponge • des ciseaux et un nécessaire de picotage • de la colle de contact et de la colle en bâton

1 Sur les rabats avant et arrière, dessinez les oreilles et la queue du chat puis découpez-les.

2 Peignez toute la surface de la boîte d'une seule couleur. Avec une éponge, faites des taches de différentes couleurs.

 Découpez 6 languettes de carton pour les moustaches et un petit triangle pour le museau. Peignez-les et collez-les sur la face avant de la boîte.

 Dessinez 2 ronds pour les yeux et découpez-les en picotant ou avec des ciseaux. Collez-les aussi sur la face avant.

Vous pouvez encore réaliser d'autres animaux avec d'autres boîtes comme par exemple le cochon.

Boîte de mouchoirs avion

MATÉRIEL

précision

une boîte de mouchoirs • de la peinture et des pinceaux • le nécessaire de picotage • de la colle de contact et de la colle en bâton • du papier cartonné • une punaise • un bouchon de champagne • une 1/2 coquille d'œuf surprise (le casque)

1. Peignez toute la surface de la boîte.

 Utilisez le gabarit de l'avion (voir fin de volume) et reproduisez les éléments sur le papier cartonné, picotez ou découpez leur contour. Peignez les différents éléments.

Vous pouvez réaliser d'autres bolides selon le même principe, à vous d'être imaginatif.

De part et d'autre, collez les ailes. Repliez la queue, assemblez-la avec l'autre partie en faisant auparavant 2 fentes et collez-la à l'arrière de l'avion. Fixez l'hélice à l'avant avec une punaise.

Peignez le bouchon en pilote d'avion et placez la 1/2 coquille surprise sur sa tête. Collez le pilote à l'avant de l'avion.

Valisettes de pro

MATÉRIEL

des valisettes en carton (style Magic Box) • des pinceaux et de la peinture • du papier de différentes couleurs • des tubes de Smarties • de la colle • une paille • un petit morceau de carton

1 LA BOÎTE DE MAGIE
Peignez toute la surface de la boîte en bleu.

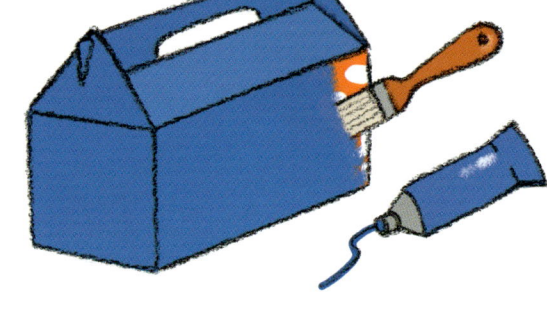

2 Sur du papier jaune, dessinez des étoiles de différentes grandeurs, déchirez-les délicatement. Disposez-les sur la boîte et collez-les.

3 BAGUETTE MAGIQUE ET MARTEAU
Peignez un tube de Smarties en noir, déchirez 2 bandelettes de papier blanc et collez-les à chaque bout de ta baguette. Vous pouvez faire apparaître et disparaître un foulard de la baguette. Si vous décidez plutôt de faire un coffre à outils, réalisez un marteau avec un tube de Smarties et un morceau de carton découpé.

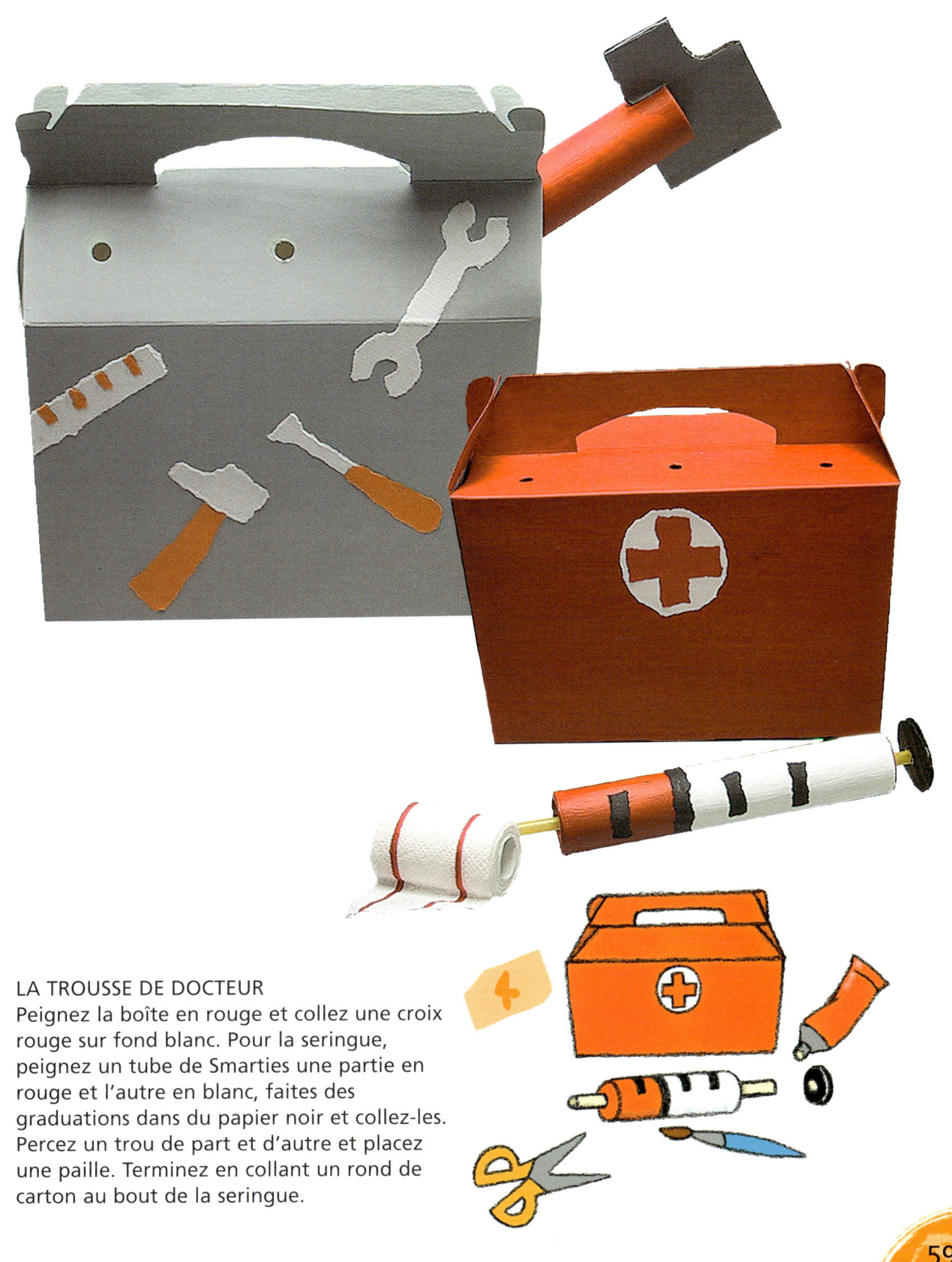

LA TROUSSE DE DOCTEUR
Peignez la boîte en rouge et collez une croix rouge sur fond blanc. Pour la seringue, peignez un tube de Smarties une partie en rouge et l'autre en blanc, faites des graduations dans du papier noir et collez-les. Percez un trou de part et d'autre et placez une paille. Terminez en collant un rond de carton au bout de la seringue.

créations

à partir de canettes et bidons, pots, récipients en plastique

Des maracas

MATÉRIEL

créativité

une canette de soda • du carton • une boule de polystyrène • de la colle • une demi-boîte de fromage ronde • deux bâtonnets de glace • une feuille de papier de couleur • de la peinture • des petits éléments : gravier, graines, riz ou punaises

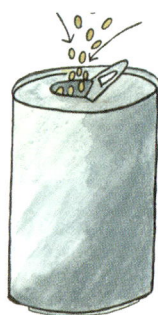

1 Mettez dans la canette une petite poignée des éléments de votre choix. Vous pouvez en essayer des différents pour comparer les sons.

2 Sur le carton, dessinez les yeux, le nez, la bouche et les moustaches.

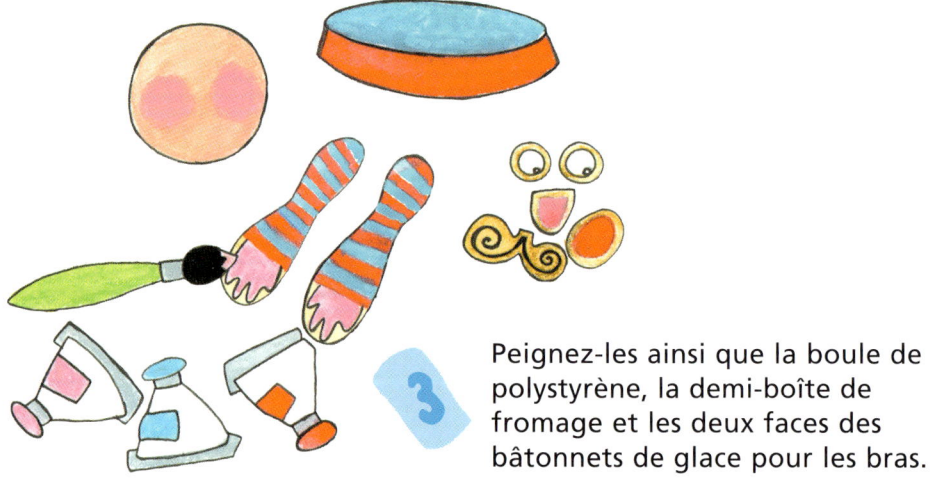

3 Peignez-les ainsi que la boule de polystyrène, la demi-boîte de fromage et les deux faces des bâtonnets de glace pour les bras.

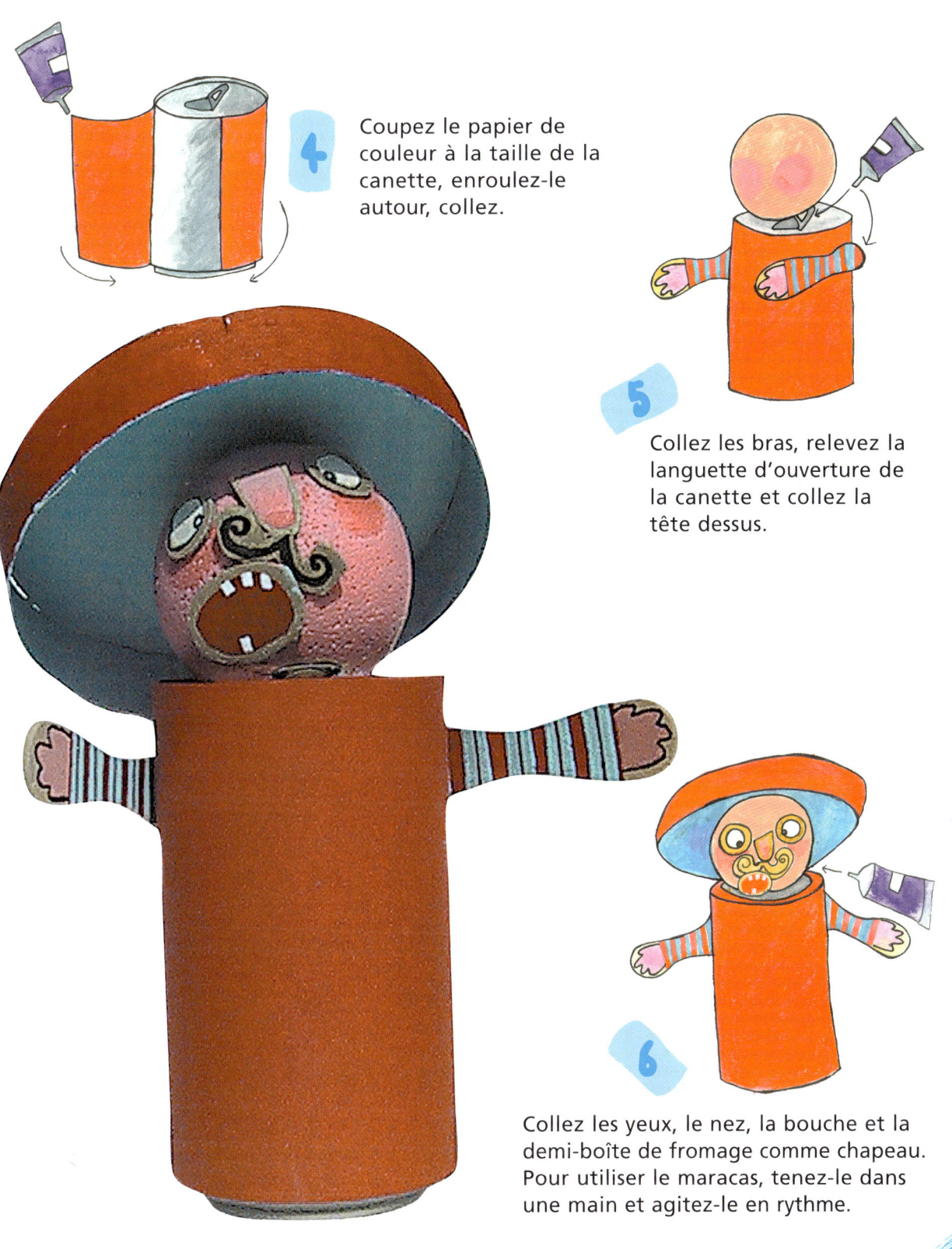

4 Coupez le papier de couleur à la taille de la canette, enroulez-le autour, collez.

5 Collez les bras, relevez la languette d'ouverture de la canette et collez la tête dessus.

6 Collez les yeux, le nez, la bouche et la demi-boîte de fromage comme chapeau. Pour utiliser le maracas, tenez-le dans une main et agitez-le en rythme.

Crocodile canettes

MATÉRIEL

4 canettes • 6 bouchons plastique à vis • un clou • du fil solide • de la gouache acrylique : vert, rouge, blanc, noir • de la colle • un marteau

1 Avec le marteau et le clou, faites un trou au fond des canettes et sur les bords des bouchons.

2 Cabossez les canettes.

3 Peignez les canettes en vert, avec des pois rouges, quatre bouchons en rouge et deux en blanc. Collez les yeux.

Passez un fil entre les canettes (par les trous du fond et les ouvertures du haut).

Faites des trous sous les deux canettes du milieu. Passez un fil dans les trous des canettes et des bouchons.

Faites un nœud aux extrémités du fil.

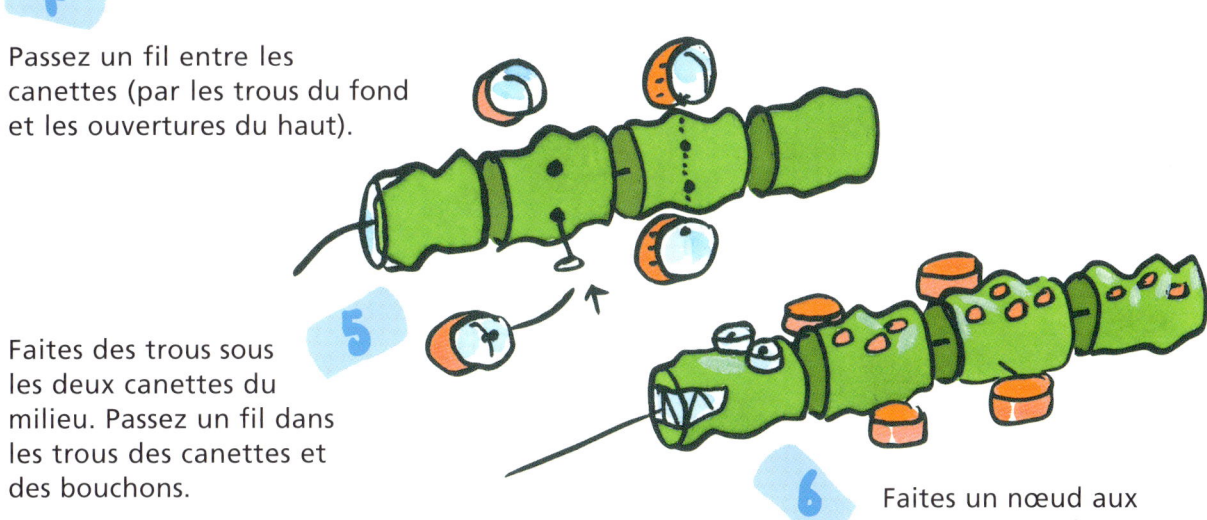

Le manchot à euros

MATÉRIEL

dextérité

une bouteille de plastique blanc (bouteille de lait ou de crème fraîche) • de la gouache acrylique : noir et jaune • un peu de feutrine : rouge et bleue

Dessinez au crayon les yeux, le manteau et le bec. Ôtez le bouchon. Repassez les traits à la gouache noire.

2. Peignez le manteau en noir.

3. Peignez le bec en jaune.

Posez le bouchon sur la feutrine bleue. Dessinez le contour au crayon. Dessinez un cercle un peu plus grand. Découpez cette couronne.

Posez-la sur le goulot. Vissez le bouchon.

Dessinez, découpez 2 pattes dans la feutrine rouge. Collez-les sous la bouteille.

La taupe à savon

MATÉRIEL

un flacon de savon liquide avec un bec verseur • un ballon à gonfler rose • un élastique • 2 punaises plates • un gant en caoutchouc (à vaisselle) rose • une agrafeuse • du plastique noir : 20 x 20 cm (sac poubelle) • une rondelle de bouchon

1 Collez la rondelle de bouchon sur le bec.

2 Coupez le ballon, enfilez-le sur le bec et le bouchon.

3 Piquez 2 punaises pour les yeux dans le ballon et le bouchon.

Entourez le flacon de plastique noir. Serrez avec 1 élastique. Rabattez.

Découpez 4 pattes dans le gant de caoutchouc rose.

Agrafez-les au bas du plastique.

Pour la PRINCESSE ENRHUMÉE, les cheveux sont en tampon à récurer en plastique coloré, la robe en gant de caoutchouc vert. On pousse, ça mousse!

Le squelette cliquetant

MATÉRIEL

dextérité

2 canettes vides et propres • un marteau et un clou • du fil solide et une aiguille • 2 piques de brochettes de 10 cm de long • 2 pailles coupées en petits morceaux d'un cm

1 Avec le clou et des petits coups de marteau, faites des trous au milieu des bouchons de plastique.

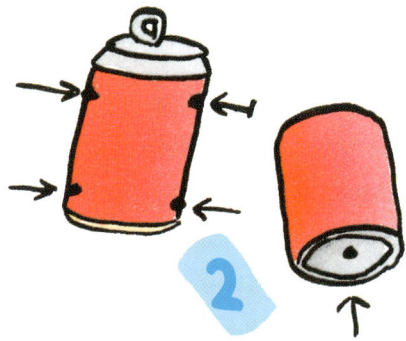

2 Faites 4 trous sur le côté d'une canette et 1 trou au fond de l'autre.

3 Peignez en noir les canettes et en blanc, le crâne et le squelette.

 Enfilez les 2 piques dans la canette du bas.

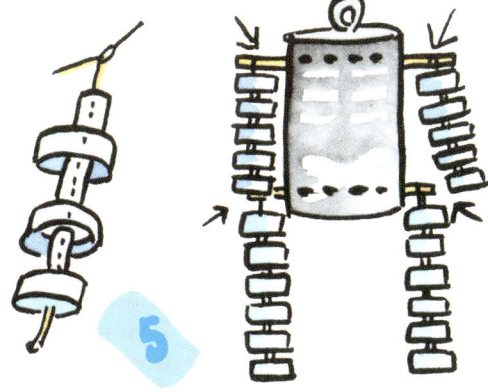

Sur le fil terminé par 1 nœud, enfilez les bouchons en alternant avec de petits morceaux de paille. Il en faut 6 pour les jambes, 5 pour les bras. Nouez les ficelles des bras et des jambes sur les extrémités des piques. Ajoutez un point de colle.

Attachez 1 fil à l'anneau du squelette, faites-le passer dans le trou de l'autre canette puis par l'anneau. Suspendez.

Drôle de bestiole !

MATÉRIEL

une bouteille plastique de sauce tomate (ou mayonnaise) dont on aura ôté l'étiquette • du plastique rigide (protège-cahier) • 2 gommettes blanches • de la ficelle (20 cm) • de la colle à plastique

humour

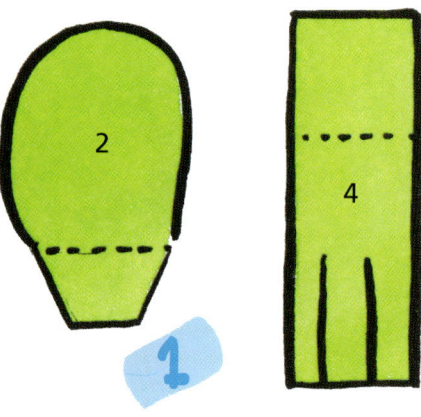

1 Dans le plastique, taillez 2 oreilles et 4 pattes en vous inspirant des dessins ci-dessus.

2 Pliez les languettes des oreilles. Collez-les.

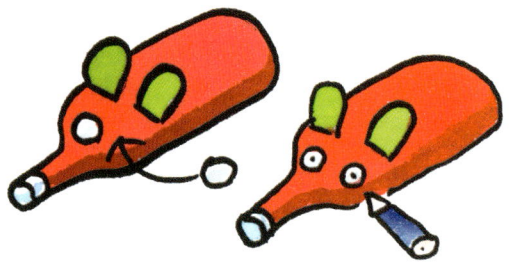

3 Collez des gommettes pour les yeux. Ajoutez 1 point noir au milieu.

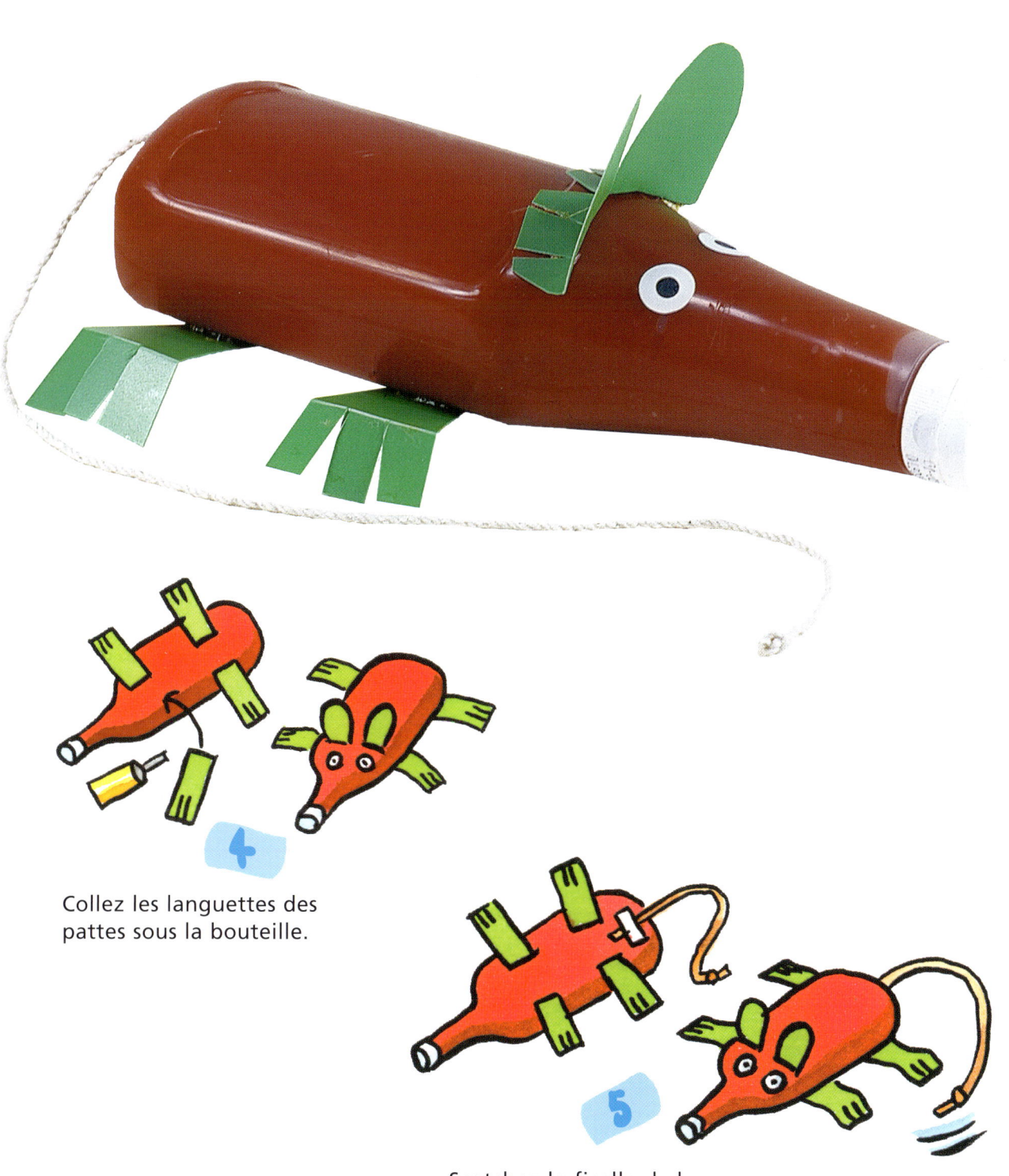

Collez les languettes des pattes sous la bouteille.

Scotchez la ficelle de la queue sous la bouteille.

Un phare chandelier

MATÉRIEL

dextérité

4 boîtes de conserve • une bougie chauffe-plats • du papier d'emballage • de la couleur blanche bleue et rouge • 5 clous • une assiette en aluminium

1 Choisissez 4 boîtes de conserve de tailles différentes dont vous aurez enlevé l'étiquette. Prenez également une bougie chauffe-plats et peignez le tout en bleu et blanc.

2 Enfoncez 5 clous contre les parois extérieures de la bougie.

3 Découpez un cercle dans une assiette en aluminium jetable, coupez un rayon afin de pouvoir replier celle-ci en forme de chapeau chinois. Peignez le toit du phare en rouge.

4 Emballez la plus grosse boîte d'un papier d'emballage brun pour imiter un rocher.

Clochettes rigolotes

MATÉRIEL

des pots de petits suisses • des boules de cotillon • de la laine • du carton fin • de la feutrine • un bouchon en liège • des ciseaux • de la colle • de la peinture • des pinceaux • un feutre noir

1 Découpez deux petits yeux en carton, un rond pour le chapeau du bonhomme de neige, des bois et des oreilles pour le renne, des pieds pour chaque personnage.

Peignez tous les éléments : le pot de petit suisse, la boule de cotillon pour le nez, les pieds et les détails de chaque personnage. Laissez sécher.

Collez des bouts de laine sur chaque pied et accrochez-les en les enfilant dans des petits trous percés dans le pot.

Collez les yeux, le nez et les détails (chapeau, oreilles, bois…). Prévoyez des attaches pour suspendre le tout terminé…

Un téléphone sans fil

MATÉRIEL

2 gobelets plastique • des gommettes • 2 grelots • des chiffres transferts • de la colle • 4 culots de bougie chauffe-plats • un clou • de la ficelle

dextérité

1 Transférez les chiffres sur les gommettes et collez les gommettes sur les gobelets.

2 Percez les fonds des gobelets et de deux culots avec une grosse aiguille ou un clou.

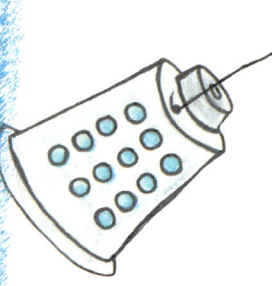

3 Enfilez la ficelle dans un culot et un gobelet puis faites un nœud. Recommencez de même à l'autre bout. Collez le bord des culots sur les gobelets.

Mettez un grelot au fond de chaque gobelet.

Encollez les bords des culots restants et appliquez-les à l'intérieur des gobelets (le grelot doit rester libre dans le culot). Pour faire sonner le téléphone, secouez ! Pour parler, tendez le fil à fond (ne pas tenir par le fil).

Bouquet de fleurs

MATÉRIEL

des petits pots de yaourt • des pailles • du papier de couleur légèrement cartonné • du matériel de picotage ou des ciseaux pour les plus grands • un cutter • de la colle

harmonie des couleurs

1. Faites un trou en forme d'étoile à la base de chaque petit pot de yaourt (demandez l'aide d'un adulte).

2. Utilisez les gabarits des fleurs et des feuilles (voir fin de volume) pour reproduire les modèles sur du papier et ensuite picotez en suivant le trait.

3. Collez la fleur sur le dessus du petit pot et enfilez plusieurs feuilles sur la paille.

Passez le dessus de la paille dans le trou du petit pot. Variez les couleurs et réalisez un beau bouquet.

Sac à main

MATÉRIEL

une boîte rigide et cylindrique avec un couvercle (ex. boîte de café ou de lait en poudre) • du ruban ou de la toile plastifiée • du ruban de masquage • de la peinture acrylique et des pinceaux • une éponge abrasive (pour casserole)
POUR LES ANTENNES : une chenille rouge (ou cure-pipe) • deux boutons noirs • des ciseaux

1 Frottez toute la surface de la boîte même le couvercle avec l'éponge (ainsi la couleur accrochera mieux).

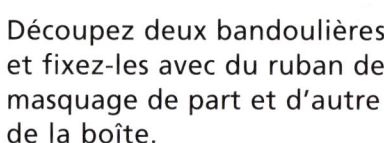

2 Découpez deux bandoulières et fixez-les avec du ruban de masquage de part et d'autre de la boîte.

3 Peignez toute la surface de la boîte en rouge et décorez-la avec des points noirs.

Pour les antennes, percez deux petits trous dans le couvercle et passez-y le cure pipe au bout duquel vous fixerez par la suite deux boutons.

Vous pouvez aussi réaliser une sacoche tigre avec une boîte de Nesquick.

Tirelire pas si bête

MATÉRIEL

motricité

un grand pot de yaourt • de la peinture acrylique et des pinceaux • du carton fin • de la colle de contact • des ciseaux et un cutter • une éponge abrasive

1 Frottez toute la surface de la boîte et même le couvercle avec l'éponge abrasive pour que la couleur accroche bien. Avec l'aide d'un adulte, découpez dans le couvercle une fente suffisamment grande pour y passer au moins une pièce de 2 euros.

2 Sur le carton, dessinez et découpez deux grandes ailes, faites un léger repli pour mettre la colle.

3 Peignez toute la surface de la boîte, ainsi que les ailes.

Frottez légèrement la partie à coller avec l'éponge avant d'appliquer la colle de part et d'autre du pot et sur chaque aile, attendez quelques minutes avant de joindre les ailes à l'abeille.

Plein d'autres réalisations du même genre peuvent être faites pour y mettre vos économies.
Une souris, un papillon…

Guirlande lumineuse

MATÉRIEL

des petits pots de yaourt • du papier cartonné de couleurs différentes • des ciseaux • un crayon noir • de la colle de contact • du matériel de picotage • une guirlande lumineuse

harmonie des couleurs

1. Redessinez le contour d'un petit pot sur du papier coloré, puis découpez-le.

2. Faites un trou en forme d'étoile à la base de chaque petit pot de yaourt (demandez l'aide d'un adulte).

3. Dessinez une croix au centre du papier et picotez sur votre tracé. Repliez chaque pointe vers l'extérieur. Collez le pliage sur le dessus du pot.

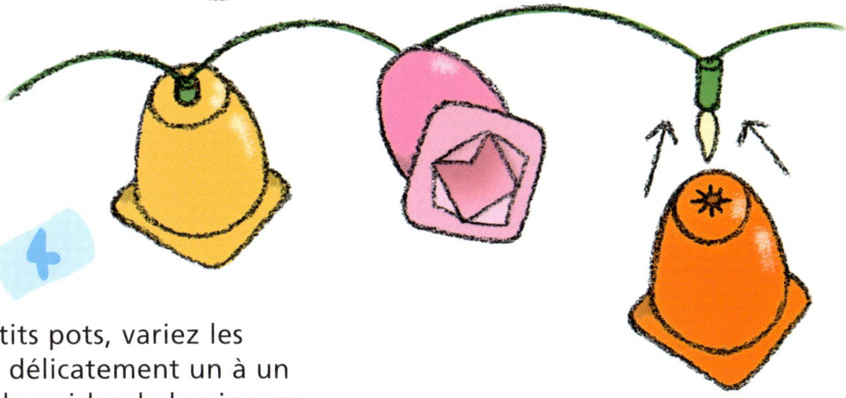

Faites ainsi plusieurs petits pots, variez les couleurs puis enfilez-les délicatement un à un sur chaque ampoule de la guirlande lumineuse.

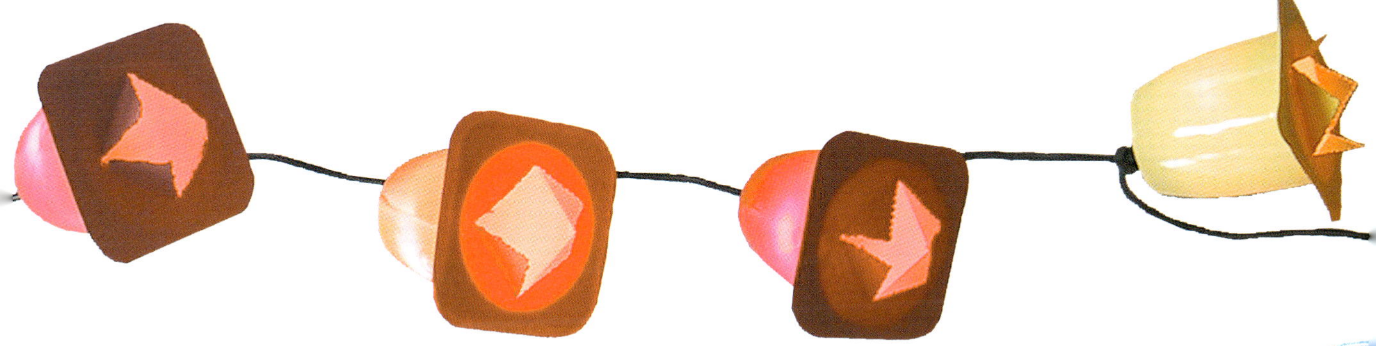

Chat bidon

MATÉRIEL

un bidon vide de lessive liquide • une éponge abrasive • de la peinture acrylique noire et rose • des pinceaux • du papier cartonné noir • de la colle contact • des ciseaux • du ruban de masquage

soin

Frottez toute la surface du bidon avec une éponge abrasive. Puis peignez tout le corps et la tête en noir. Sur la tête, peignez les yeux et la bouche.

Découpez deux petites oreilles pointues, le museau et les moustaches dans du papier cartonné noir. Repliez le bas de chaque oreille et collez-les avec du ruban de masquage au sommet de la tête du chat.

Collez les moustaches et le museau au centre du visage, peignez le museau en rose, puis dissimulez le ruban de masquage avec de la peinture noire.

L'hélicoptère

MATÉRIEL

une bouteille de plastique • des peintures de couleur • 2 rouleaux de carton papier hygiénique • un rouleau vide essuie-tout • du papier carton jaune et une feuille bleue • de la colle forte • un bouchon de

1. Découpez l'avant de la bouteille et peignez l'intérieur en rouge.

2. Peignez le bouchon de liège en brun, les 2 petits rouleaux en vert et le grand rouleau en orange.

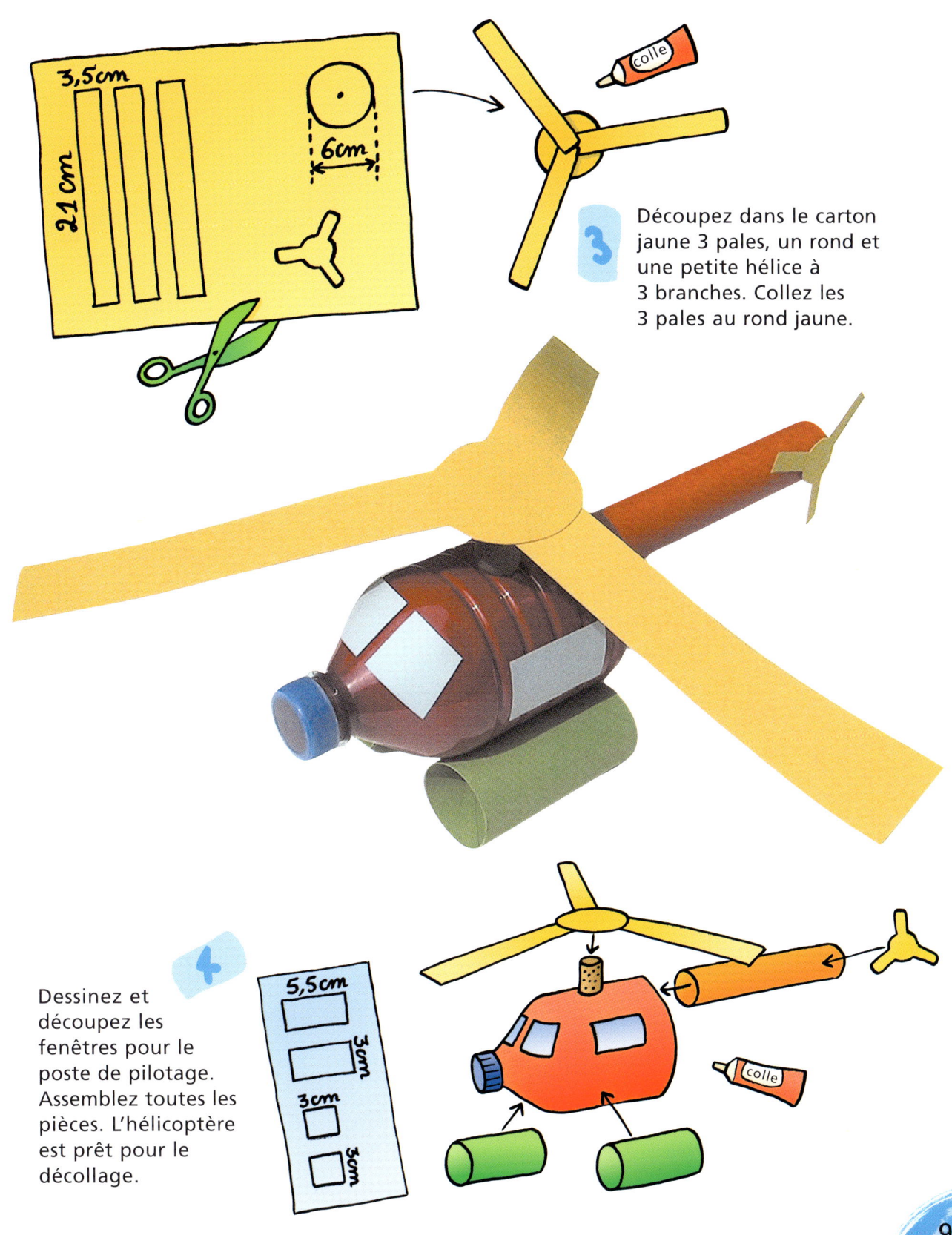

Le catamaran

MATÉRIEL

2 bouteilles plastique • 3 lattes de bois • du papier • des crayons de couleur • de la peinture • un bâton • un bouchon de liège

1 Remplissez les deux bouteilles avec un peu de peinture jaune afin que celle-ci en recouvre les parois.

2  Peignez les 2 lattes de bois en brun et collez-les sur les bouteilles pour les maintenir.

3

Enfoncez le bâton dans le bouchon de liège et collez celui-ci au centre de la troisième latte. Collez-y ensuite la petite voile triangulaire et une grande voile lignée.

4

Collez le tout au centre du catamaran et ajoutez un petit drapeau bleu au sommet du mat.

Monsieur Balance

MATÉRIEL

un tube en carton de papier essuie-tout • une grande feuille de carton • gouaches • un bâton • deux pots de yaourt

1 Peignez sur le rouleau un personnage sportif sans les bras et les pieds (voir patron en fin de volume).

2 Découpez dans le carton les bras et deux courbes. Peignez les bras de la même couleur que le visage et peignez des gants rouges.

Découpez une fente verticale à chaque épaule et deux fentes parallèles sur chaque côté du bas du rouleau. Introduisez les bras par le côté et les deux languettes par le bas. Peignez les pieds du personnage.

Avec le bâton, percez les deux mains du personnage ainsi que les pots de yaourt. Cet homme balance, permettra de comparer le poids de divers petits objets ou servira de vide-poches.

Le mini-billard

MATÉRIEL

boîte à pizza • 4 gobelets plastique • 2 bâtons • 5 balles de ping-pong • de la colle et un feutre noir

motricité

1. Retirez, en le découpant, le couvercle de la boîte à pizza.

2. Découpez un trou à chaque coin de la boîte et peignez le fond en vert.

3 Découpez une ouverture sur le côté de chaque gobelet et collez ceux-ci en dessous de la boîte, à l'emplacement des trous.

4 Inscrivez sur 4 balles de ping-pong des chiffres au choix. La partie de billard peut commencer.

créations
à partir d'autres objets

Une cloche

MATÉRIEL

du carton (cannelé de l'intérieur) • 7 perles cylindriques en verre • du fil de fer très fin • un petit pot de fleur • de la peinture

1. Posez le pot sur le carton (cannelures verticales), tracez le contour et l'emplacement du trou.

2. Dessinez la poule, les pattes et découpez (voir patron en début de volume).

3. Peignez tous les éléments.

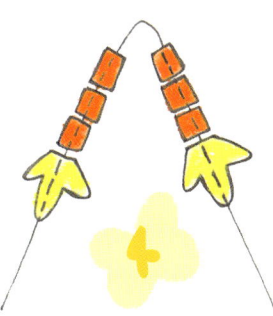

Enfilez les perles et les pattes sur un bout de fil de fer plié en deux, laissez assez de longueur pour les réglages.

Reliez les deux morceaux de fil de fer en faisant un gros nœud avec une perle. Réglez la hauteur des pattes, coupez et repliez le fil de fer. Actionnez la cloche en la tenant par le fil de fer…

Enfilez un bout de fil de fer dans le trou du pot de fleur puis dans une cannelure du carton.

Un ours qui sent bon

MATÉRIEL

créativité

un bouquet de lavande sèche • du scotch • un feutre noir • 2 filtres à café en papier • de la peinture • de la colle • des ciseaux • une feuille de papier

1 Roulez le bouquet de lavande entre vos mains, au-dessus d'une feuille de papier pour faire tomber toutes les fleurs.

2 Versez les fleurs dans un des filtres à café.

3 Fermez-le avec le scotch en rapprochant les deux bords.

Sur le deuxième filtre, peignez le corps de l'ours après avoir glissé une feuille de papier à l'intérieur pour éviter que la peinture bave sur la face arrière.

Dans le carton découpez la tête et peignez-la.

Collez la tête sur le corps et enfilez le filtre de lavande à l'intérieur. Posez-le, il tient debout et il sent bon.

Un défouleur

MATÉRIEL

créativité

un ballon de baudruche • une feuille de papier • un élastique de couleur • une grosse poignée de riz ± 75 g) • un feutre noir • du papier collant ou du scotch blanc

1 Gonflez plusieurs fois le ballon pour le détendre.

2 Faites un entonnoir avec la feuille de papier.

3 Introduisez le bout de l'entonnoir dans l'ouverture du ballon et remplissez-le avec le riz, jusqu'à avoir une boule de la taille d'une clémentine.

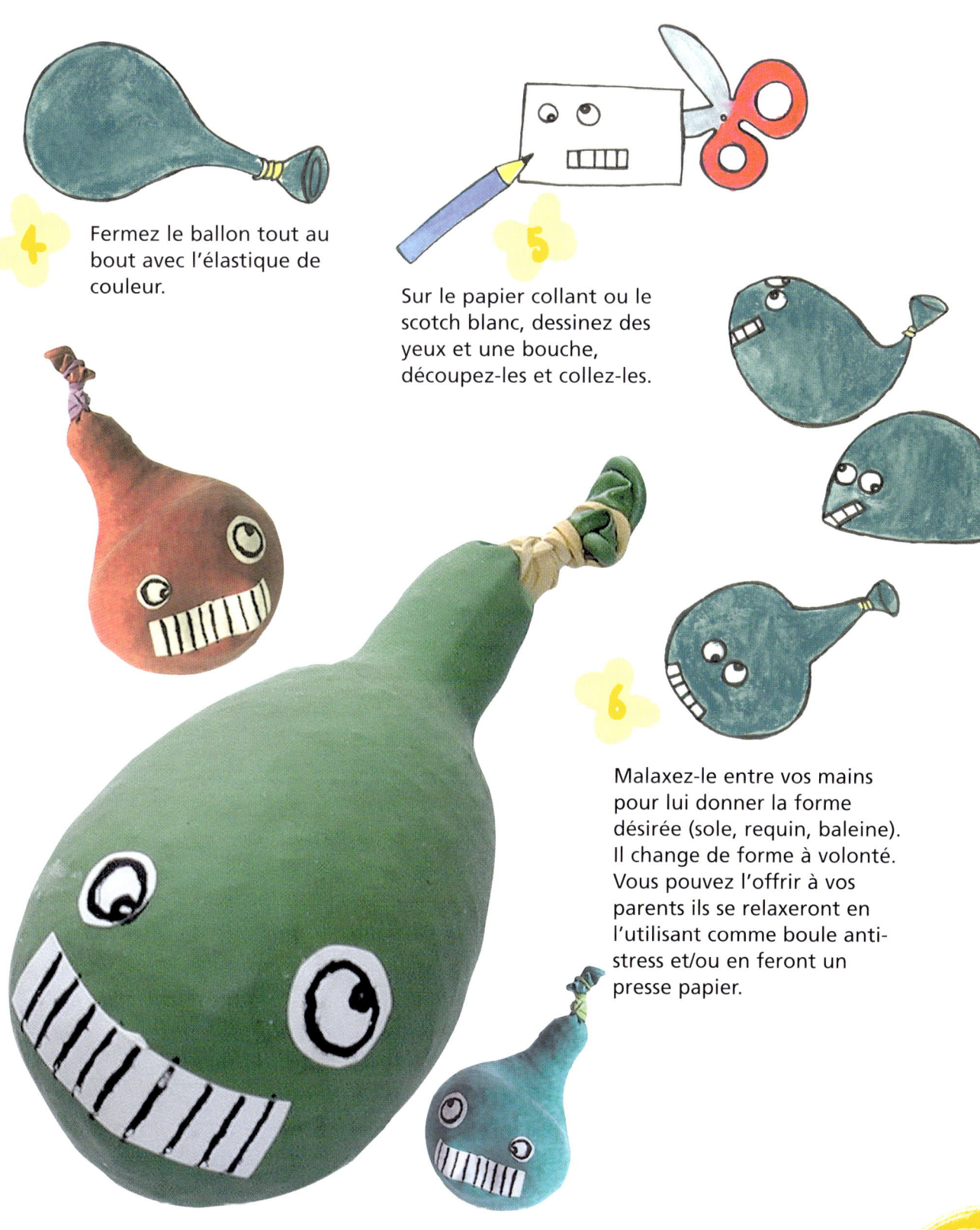

4 Fermez le ballon tout au bout avec l'élastique de couleur.

5 Sur le papier collant ou le scotch blanc, dessinez des yeux et une bouche, découpez-les et collez-les.

6 Malaxez-le entre vos mains pour lui donner la forme désirée (sole, requin, baleine). Il change de forme à volonté. Vous pouvez l'offrir à vos parents ils se relaxeront en l'utilisant comme boule anti-stress et/ou en feront un presse papier.

Un gant marionnette

MATÉRIEL

dextérité

un gant de toilette • 2 bigoudis • 2 boutons • 2 carrés à vaisselle (un jaune et un vert) • une grosse aiguille à laine • un morceau de laine

Prenez un coin du gant et remplissez-le avec des petits bouts de carré à vaisselle (chutes), nouez une des lanières autour pour faire la tête.

Dans le carré vaisselle jaune, coupez le bec et les pattes. Dans le vert, coupez deux ronds pour les yeux et de fines lanières.

Posez les deux morceaux du bec sur la tête, piquez les coins avec l'aiguille et la laine. Nouez. Faites la même chose avec les boutons et les yeux.

Piquez un morceau de laine à l'arrière du gant et nouez-le autour des lanières pour faire la queue.

Enfilez les pattes dans les bigoudis, repliez ce qui dépasse.
Piquez avec la laine dans les pattes et dans le gant. Nouez.

La barrette papillon

MATÉRIEL

découpez dans des sacs en plastique de couleurs vives : 2 carrés de 10 cm de côté • un élastique • un cure-pipe • une barrette pince

1. Portez la demi forme du papillon sur un carré de plastique plié en deux.

2. Découpez en double et dépliez.

3. Dans une autre couleur, découpez la même forme ou légèrement plus grande.

Découpez 2 ronds dans les ailes du papillon clair.

Superposez le clair sur le foncé, passez l'élastique au milieu.

Glissez le cure-pipe dans l'élastique, entortillez les extrémités.

Il ne reste plus qu'à glisser une barrette dans l'élastique, au dos du papillon.

La souris socquette

MATÉRIEL

dextérité

une socquette de petite taille • 2 boutons • un peu de feutrine • une aiguille et du fil • bourrage : mousse de polyester ou kapok

1 Bourrez abondamment la socquette de mousse. Quand celle-ci est bien tendue, fermez l'ouverture par quelques points.

3 Cousez 2 boutons pour les yeux.

2 Cousez des petits points à l'autre bout de la socquette, tirez ce fil de fronce pour obtenir le museau. Arrêtez par plusieurs points l'un sur l'autre.

PRÉPARATION DE LA FEUTRINE :
- 2 ronds de 8 cm de diamètre pour les oreilles
- 1 longueur de 10 x 2 cm pour la queue
- 4 longueurs de 5 x 2 cm pour les moustaches

Les oreilles : faites un pli aux 2 ronds et fixez-les par quelques points.

La queue et les moustaches : pliez en 2 les bandes, cousez les 2 épaisseurs avec des petits points. Cousez la queue sous la souris et les moustaches de chaque côté du museau.

Un crayon légume

MATÉRIEL

un crayon • du papier collant • du raphia • de la colle

créativité

1. Enroulez votre crayon d'un papier collant à tapisser.

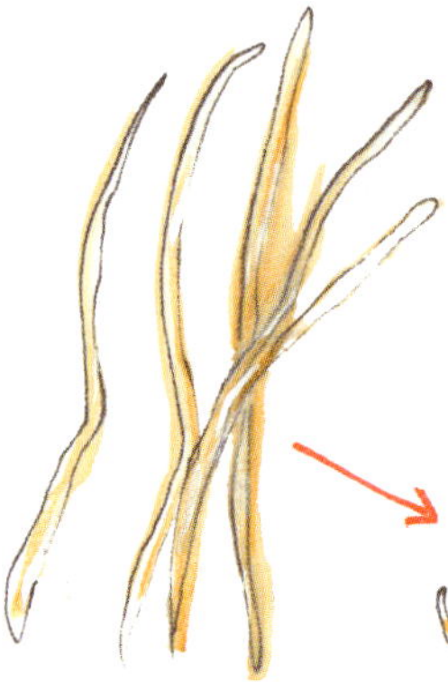

2. Collez des morceaux de raphia sur le dos du crayon.

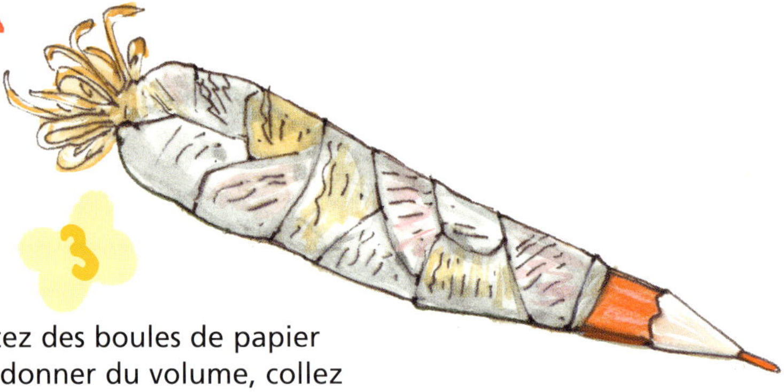

3. Ajoutez des boules de papier pour donner du volume, collez du papier mâché.

Peignez votre légume. Choisissez la même couleur que celle du crayon.

Une sorcière girouette

MATÉRIEL

une paire de ciseaux • un grand plateau en aluminium • un marqueur résistant à l'eau • un tube vide d'un rouleau de papier fax • une tige en métal

dextérité

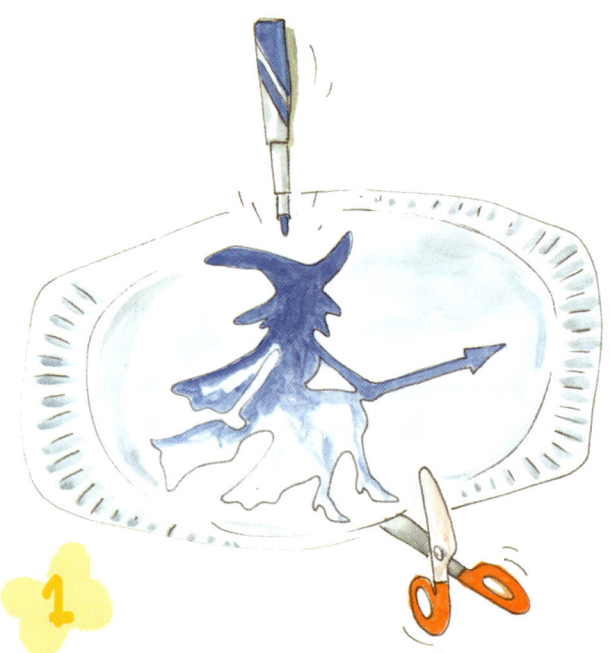

1 Dessinez une sorcière sur un grand plateau en aluminium et coloriez-la à l'aide d'un marqueur résistant à l'eau (voir patron en début de volume). Découpez aux ciseaux le motif.

2 Prenez une longue tige en métal, un tube (rouleau de papier fax) et coloriez-les également au marqueur.

Faites deux trous dans le motif afin de glisser la tige.
Une jolie bouteille au même ton harmonise l'assemblage. Installez-la au vent.

Une boîte à musique

MATÉRIEL

une boîte de sardines vide, propre • une boîte à cigares • une planchette • une tige à brochettes • du fil de fer • 5 pinces à cheveux • une petite scie à bois

1 Ouvrez une boîte de sardines.

2 Dessinez le contour de celle-ci sur une boîte à cigares.

3
a) Forez 4 trous sur la planchette.
b) Coupez une tige à brochette à la mesure de la largeur de la boîte.
c) Passez un fil de fer dans les trous de la planchette pour fixer la tige.

116

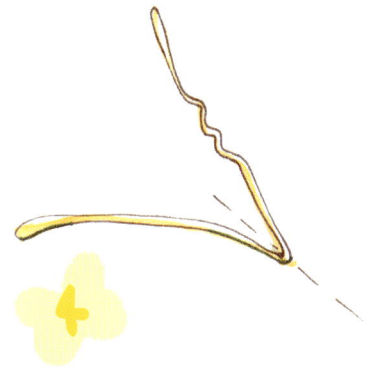

Coupez 5 pinces à cheveux en deux.

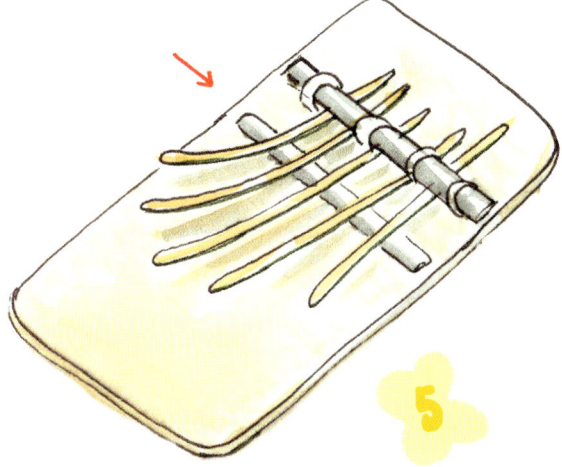

Glissez-les en dessous de la tige et ajoutez un petit morceau de bois en dessous de celle-ci.

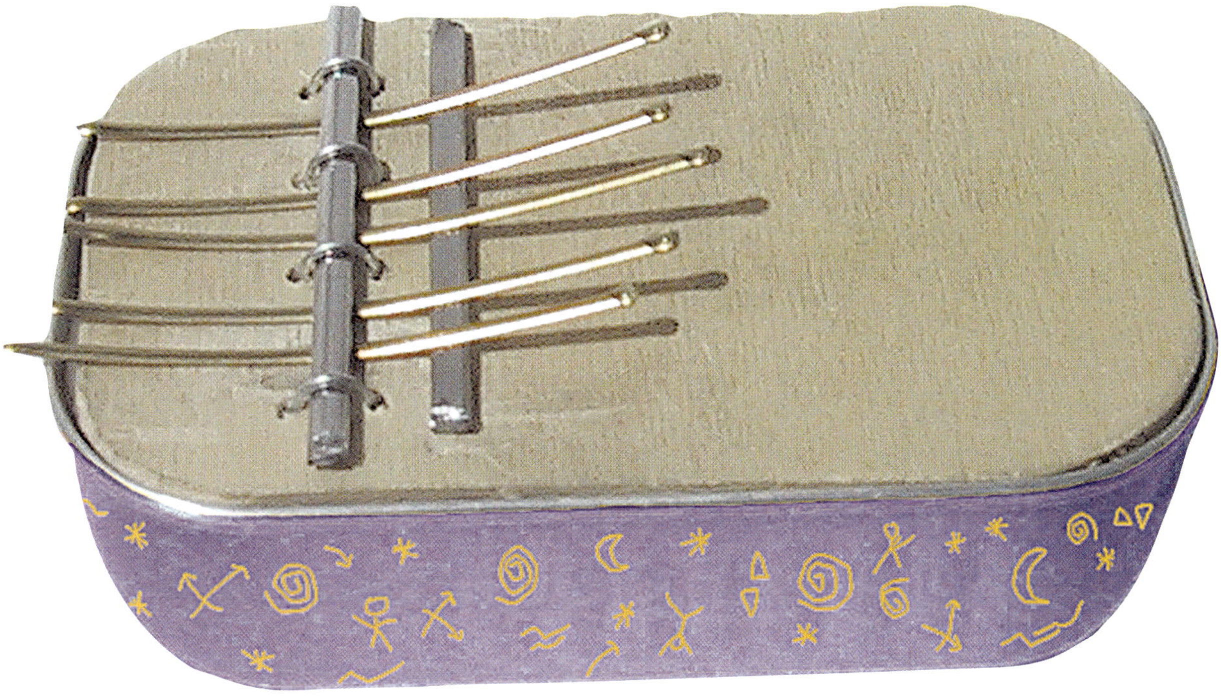

Une pêche aux canards

MATÉRIEL

dextérité

une tige de bambou • un crochet • du fil de fer • un bouchon de liège • une feuille intercalaire plastifiée • une vis

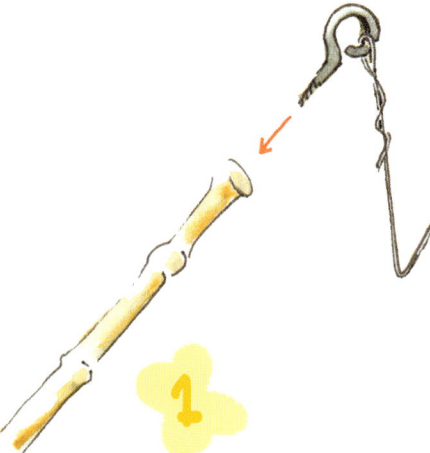

1. Pour fabriquer la canne à pêche, prenez une tige de bambou, vissez au bout un crochet et attachez un morceau de fil de fer que vous pliez à l'extrémité.

2. Prenez une feuille intercalaire plastifiée. Dessinez votre canard et découpez-le (patron en début de volume).

3. À l'aide d'un couteau, faites une fente dans un bouchon de liège.

Introduisez-y une vis de la même hauteur que le canard que vous aurez introduit dans la fente.

Une maison

MATÉRIEL

du carton épais • un vieux morceau de tissu • de la peinture • une aiguille • un fil ou une machine à coudre

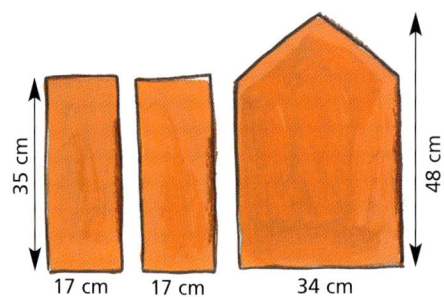

1. Découpez trois morceaux de carton en vous inspirant des modèles.

2. Cousez trois housses aux mêmes dimensions (comptez l'épaisseur du carton en plus) dans un vieux tissu (un drap par exemple).

3. Recouvrez le carton avec les housses. Fermez.

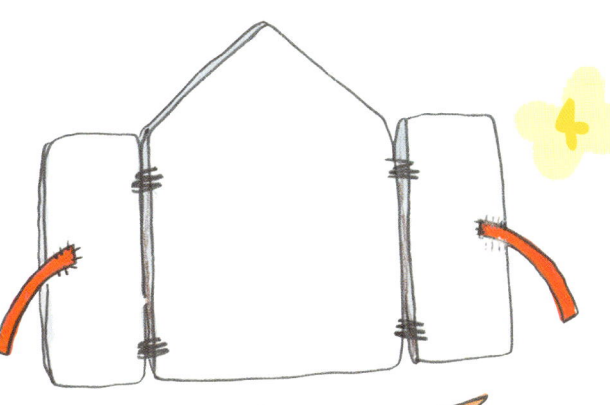

4 Reliez les trois panneaux à la façon d'un triptyque. Cousez également du ruban aux portes.

Peignez les portraits et les noms (ou collez des photos) des gens qui vivent dans la maison. N'utilisez pas de peintures trop liquides.

5

Un calendrier des amis

MATÉRIEL

du carton épais (50 x 30 cm) • de la peinture • des balles de ping-pong • de la colle • un feutre noir

1 Découpez la plaque dans un carton.

2 Comptez vos amis ! Divisez en autant de cases nécessaires (± 8 x 10 cm). Il faut un minimum de 12 cases. Peignez.

3 Coupez des balles de ping-pong en deux, autant de moitiés que de personnes.

Collez les demi-balles de ping-pong dans les cases (n'utilisez pas de colle trop liquide).

5 Réservez une case même pour les mois « vides ».
Inscrivez les noms et les dates.

6 Peignez vos amis par ordre chronologique d'anniversaires en utilisant les demi-balles de ping-pong pour le visage.

Crédits

Les créations présentées dans ce recueil ont été réalisées par différents auteurs-illustrateurs pour les titres mentionnés ci-dessous, parus chez Casterman :

BERNADETTE THEULET-LUZIÉ
- Créations Nature : 12-21
- Recyclons : 34-43, 66-73, 108-111
- Créations du monde : 64-65
- Cadeaux : 46-53

CORINNE DREYFUSS
- En utilisant mes 5 sens : 22-25, 44-45, 62-63, 78-79, 100-107

GODELEINE DE ROSAMEL
- C'est moi c'est nous : 26-27, 120-123

LILLO GRECO
- Constructions des tout-petits : 90-97

BRIGITTE VAN DE WOUWER
- Les 4 éléments : 28-29, 74-75, 112-119

VANESSA LEBAILLY
- Créons Noël : 30-31, 76-77

VÉRONIQUE GUILLAUME
- Brico en boîtes : 54-59, 80-89

Boite de mouchoirs avion

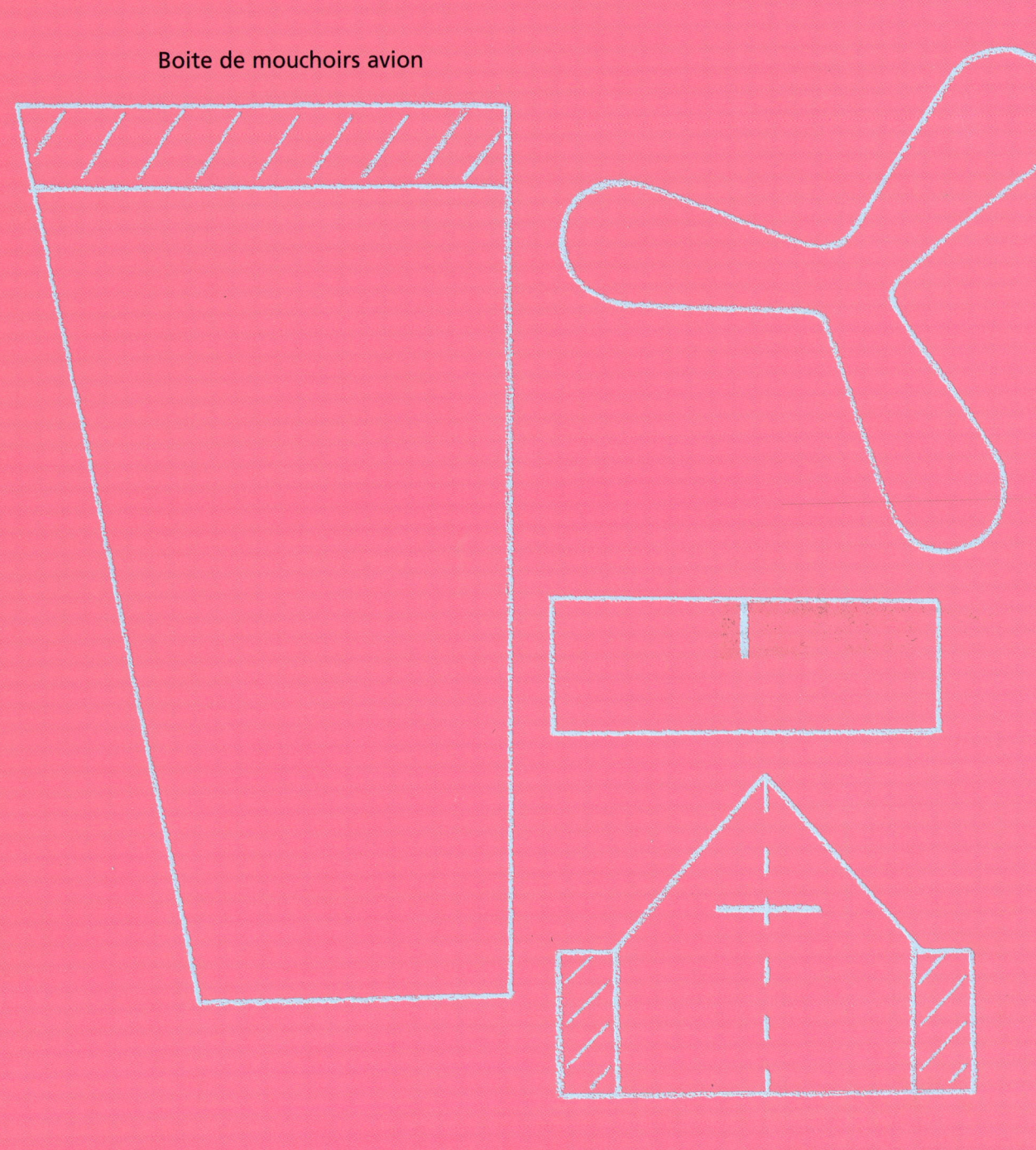